「自分らしい花」を咲かせる

渡辺和子の言葉

桑原晃弥

変えられない何かを恨むより自分自身が変わろう

「人は本の表紙を見て本を買うかどうかを決める」と言いますが、たしかに、本のタイトルを見ただけで、中身は見ていなくとも「なるほどなあ、その通りだよな」と思わせてくれる本がまれにあります。私にとって、渡辺和子の『置かれた場所で咲きなさい』（幻冬舎）は、まさにそんな一冊でした。

人は「できない言い訳」はいくらでも考えつくものです。持って生まれた才能や育った環境に原因を求めたり、あるいは周りの理解のなさや条件が整わないことを理由にしたりして「できなくても仕方がない」と自分を納得させることがよくあります。

しかし、そんな言い訳ばかりをしたがる人にとって、渡辺の「置かれた場所で咲きなさい」という一言は、柔らかいけれども自分の生き方を見直すきっかけを与えてくれる言葉と言うことができます。

渡辺の人生は、まさにこの言葉通りのものでした。

渡辺は1927年、父・錠太郎《じょうたろう》、母・すゞの次女で末っ子として生まれています。父親は陸軍の軍人でしたが、教養と気骨を兼ね備えた武人として知られていました。父親は50歳を過ぎて生まれた渡辺をとてもかわいがり、夜は川の字になって寝ていたほどです。

そんな幸せな日々を打ち砕いたのが、1936年に陸軍将校たちが起こしたクーデター「二・二六事件」です。当時、錠太郎は陸軍の「三長官」の1つ、陸軍教育総監の要職に就いていましたが、「軍の本務は非戦平和の護持にあり」と主張する錠太郎は軍の青年将校にとっては煙たい存在で、そのため襲撃の対象となったのです。

わずか9歳で父親が殺害されるという悲惨な体験をした渡辺ですが、母親からは「お父さまの死に涙を流してはいけません」と言われるなど「大将の娘」として厳しく育てられます。以来、渡辺は「軍人の家に育ったがゆえの厳しさ」を持ちながら、成蹊《せいけい》小学校、カトリックの雙葉《ふたば》高等女学校、聖心女子学院専門学校（聖心女子大の前身）と戦時中ながらも比較的自由な校風の学校で教育を受けています。そして終戦の年の4月、渡辺は母親の猛反対を押し切ってカトリックの洗礼を受け、「マルグリット・マリー」という洗礼名を受けています。

それから10年余りを経た1956年に渡辺はナミュール・ノートルダム修道女会に入会、アメリカのボストンカレッジ大学院で教育哲学の博士号を取得した後、ノートルダム清心女子大学に教授として赴任、1963年に36歳の若さで3代目学長に就任しています。初代も2代目も70代のアメリカ人シスターが学長を務めていただけに、36歳の日本人学長誕生は社会的にも大きな反響を呼びました。

経歴だけを見ると、渡辺はエリート街道を突き進んできたかのように思えますが、実際には、終戦直後には父親が亡くなった家庭で「お金がないことのつらさをつくづく思い知らされ」ていますし、「これからは英語」という母親の勧めで聖心女子大の外国文学科へ再入学したものの、英語の習得に苦労しただけでなく、学費と生活費を稼ぐためにいくつものアルバイトをかけ持ちするという経験もしています。

その後もOL生活や修道院での共同生活、アメリカでの学びの日々やノートルダム清心女子大学の学長時代とさまざまな苦労を経験しますが、そこから逃げることなく悩み考え抜くことで乗り切ってきました。そんな渡辺を支えたのが「置かれたところで咲く」という考え方だったのです。

学校に入学しても、就職しても、結婚をしても、「こんなはずじゃなかった」「なんで私ばかりが」と思うことが次々と出てきますが、不平不満を口にしたところで何かが変わることはありません。大切なのは、変えられない何かを恨《うら》むことではなく、自分自身が変わることです。自分が変われば、周りも変わり、そこからよい循環が生まれます。それが「置かれたところで咲く」という言葉の意味なのです。

新型コロナの感染拡大以降、厳しい状況に置かれている人が少なくありません。「なぜこんな時代に」と恨みたくなるかもしれませんが、たとえどんな時代、どんな環境にあっても、人は自分らしく生き、自分にできる精一杯の努力をすることできっと「自分らしい花」を咲かせることができるのです。

渡辺和子の言葉はとても優しいのですが、いずれも大変な時代をしっかりと、そして自分らしく生き抜いた強さで貫かれています。今という厳しい時代を生きる皆さまにとって、どれも生きる力となる素晴らしい言葉ばかりです。本書が今を生きる皆さまの支えとなれば、これに勝る幸せはありません。

本書の執筆と出版にはリベラル社の伊藤光恵氏、安田卓馬氏、仲野進氏にご尽力いただきました。心より感謝いたします。

桑原　晃弥

第一章 「今」を感謝して精一杯生きていこう

01 今日という日に最善を尽くす 16
02 仕事の優先順位を間違えない 18
03 仕事の価値は「心がけ」で決まる 20
04 「小さな幸せ」を大切にしよう 22
05 「3つの感謝すべきこと」を手帳に書き留めよう 24
06 時間の使い方は命の使い方 26
07 思い通りにいかない人生を受け入れていこう 28
08 「制約」があってこそ最善の決断ができる 30
09 「人間にしかできない仕事」を心がけよう 32
10 失ったものより、得たものに目を向けよう 34
11 「どこで咲くか」ではなく「咲く」ことが大切 36

12 今日一日を精一杯生きてこそ明日が見えてくる 38
13 時には「時間の使い方」を振り返ってみよう 40
14 「有り難い」ものに感謝しながら生きよう 42

第二章 「あと一歩の勇気」を持とう

15 傍観者になるな、あと一歩を踏み出そう 46
16 「面倒くさい」と思ったら、率先してやろう 48
17 平和は日々の暮らしの中でつくり出すもの 50
18 物事は時に「反対側」から見てみよう 52
19 自分の周りの「カルカッタ」に気付く人になろう 54
20 「したいことを、しない」意志を育てよう 56
21 「当たり前のこと」をとことんやり通す 58

22 よいことをした時は素直に満足する 60
23 不完全な者同士が支え合うのが人間の姿である 62

第三章 「ほほえみ」を浮かべて生きていく

24 不機嫌を振りまくな、笑顔で生きよう 66
25 他人が変わることを期待せず、自分が変わろう 68
26 「笑顔」は人から人に伝播する 70
27 しんどいからこそ、あえて笑顔を 72
28 真の勇気は、日々ほほえみながら生きていくこと 74
29 角度を変えれば違って見える 76
30 虚栄心に駆られず「自分らしく」生きる 78
31 真の美しさはお金ではなく「心」がつくる 80

32 奇抜さで目立つより、「美しい人」になろう 82
33 「他人の評価」より「内なる評価」を大切にしよう 84

第四章 人は「変わる」ことで成長できる

34 自分の「未知の可能性」を信じよう 88
35 「待つ」ことで、イライラする自分を変えていく 90
36 自分の人生を人任せにしない 92
37 責任を持つとは失敗から学び、失敗を活かすこと 94
38 「才能」の差は「努力」で埋める 96
39 変えられるものは変える勇気を持とう 98
40 自力で成し遂げてこそ成長につながる 100
41 「壁」があるからこそ人は成長できる 102

42 責任を負ってこそ本当の「自由」である 104
43 人は「欲しいもの」を願い、神は「必要なもの」をくださる 106
44 「自分1人ぐらい」の周りにたくさんの人がいる 108
45 人は「環境の奴隷」ではない 110
46 試練の時は、耐える力が自分にあると信じよう 112
47 人は何度でも変わることができる 114

第五章 出会いを育てて「いい出会い」にする

48 「聞きたくない意見」こそ大切にしよう 118
49 「自分の価値」を安易に下げない 120
50 よい人間関係づくりには「合わせる力」が不可欠 122
51 人の好意に甘えても、決して甘ったれにならない 124

52 好意に見返りを期待してはいけない 126
53 「出会い」は育ててこそ「いい出会い」になる 128
54 人間同士も距離をあけてぶつからないように 130
55 「許しの心」が人との関係をよくする 132
56 他人を批判する時には思いやりと優しさを持つ 134
57 「一歩譲る」ことの大切さを覚えよう 136
58 名前に関心を寄せて人との距離を縮めよう 138
59 言葉は使い方次第で人を傷つけも癒しもする 140
60 人を非難する前に自分の心に問いかけよう 142
61 自立への闘いを優しく見守る人になろう 144
62 共感することが相手への優しさになる 146
63 安易に他人を「分かった」気にならない 148

第六章 最高の励ましは「信頼」から生まれる

64 子どもは親や教師の背中を見て育つ 152
65 最高の励ましは、相手への「信頼」である 154
66 相手のよいところは遠慮なくほめよう 156
67 真理、善を保有しているなら堂々と権威を行使しよう 158
68 感情に任せて「怒る」のではなく冷静に「叱る」 160
69 成功したらみんなのお陰、失敗したら自分の責任 162
70 私利私欲を離れてこそ正しい決断ができる 164
71 「人間」を育ててこそ「真の教師」になれる 166
72 自ら学び成長してこそ育児も教育も可能になる 168

第七章 「苦労」は人生の誇るべき経歴になる

73 過去を振り返らず、「今」を精一杯生きる 172
74 「ふがいない自分」を受け入れる勇気を持とう 174
75 人生に「無駄なこと」は何一つない 176
76 ダメな自分を反省したら、もう一度歩き始めよう 178
77 まず誰よりも自分のことを好きになろう 180
78 「苦労」は人生の誇るべき経歴になる 182
79 どんな時にも自分を嫌うことなく仲よくしよう 184
80 年齢は自分が時間をかけてつくった財産である 186

WORDS OF KAZUKO WATANABE

第一章

「今」を感謝して精一杯生きていこう

WORDS OF KAZUKO WATANABE 01

今日という日に最善を尽くす

「最初で、唯一で、最後」という緊張感を、自分の生活の折目、節目に持ちたいものだと思っている。

▼『愛をこめて生きる』

仕事をしていると、朝起きた時、「ああ、またいつもと同じ繰り返しか」と愚痴が口を突いて出ることがありますが、本当に繰り返しなのでしょうか。

渡辺和子は1936年、わずか9歳の時に、二・二六事件で陸軍教育総監の要職にあった父・渡辺錠太郎《じょうたろう》を目の前で射殺されるという経験をしています。事件の前夜、「和子、風呂に入らんかい」と言う父に、「今日はお母さまと入る」と断ったのが父親との最後の夜になりました。以来、過ぎていく1日の大切さを感じながら生きるようになったといいます。

ものづくりの現場では、よく「昨日のことは忘れろ、明日のことは考えるな」と言います。昨日と比べてしまうと、「昨日あれだけやったんだから、今日はいいか」と甘えが出ますし、明日があると思えば、「明日があるし、今日はこれでいいや」と心が緩みます。そうならないためには「今日という日に最善を尽くす」ことが大切だという考え方です。

「最初で、唯一で、最後」という緊張感を持ちながら毎日を生きるのは難しくても、「1日の重さ」と「命への愛《いと》おしさ」を忘れることなく「今日」を大切に生きなければならないというのが渡辺の教えです。

WORDS OF KAZUKO WATANABE 02

仕事の優先順位を間違えない

まず、しなければいけないことをしなさい。

▼『「ひと」として大切なこと』

人間には「今すぐやるべきこと」があるにもかかわらず、「難しそうだから」「面倒だから」とつい後回しにしてしまうという厄介《やっかい》な一面があります。あるいは、「今日はこの作業からやろう」と決めたはずなのに、あれこれ迷ったり、余計なことに手を出して、結局、肝心のことができずに終わるというのもよくあることです。

渡辺和子は1951年、聖心女子大を卒業後、上智大国際学部に就職して事務の仕事をしていますが、そこでの上司ミラー神父から、とても大切なことを教えられています。仕事は忙しく、複数の仕事を与えられ、それぞれのスケジュールに合わせてきっちり仕上げるよう求められましたが、渡辺がやりやすい仕事や好きな仕事を優先しようとすると、ミラー神父から懇々《こんこん》と諭《さと》されたといいます。

「まず、しなければいけないことをしなさい」

仕事の優先順位は、好き嫌いや難易度ではなく、締め切りの時間を第一にして決めます。そのためには判断力や計画性、決めたことはやるという意志の強さが欠かせません。この時に身につけた習慣こそが、渡辺のその後の人生の支えとなったのです。

WORDS OF KAZUKO WATANABE 03

仕事の価値は「心がけ」で決まる

この世に雑用というものはない。
自らがそう思って用を雑にした時に
雑用になる。

▼『強く、しなやかに』

仕事には華やかなものもあれば、地味で目立たない「単調だなあ」と感じる仕事もあります。人はそんな地味で単調な仕事を「つまらない仕事」だと思い、「雑用」と呼びますが、渡辺和子は修練院時代のある経験から、こう考えるようになりました。

「この世に雑用というものはない。自らがそう思って用を雑にした時に雑用になる」

1958年、ボストン郊外にある大きな修練院で修業をすることになった渡辺は、タイプも打てたので、内心では「翻訳の仕事」を命じられるかなと期待していました。しかし、実際には意に反して掃除や洗濯、アイロンかけ、庭の草取りといった単純な仕事ばかりを任されました。ある日、広い食堂で100人を超える夕食のテーブルの準備をしていると、修練長から「同じお皿を並べるのなら、この席に座る一人ひとりのために祈りをささげながら並べてみてはどうですか」と声をかけられたのです。

お皿を並べるだけならロボットでもできますが、そこに愛を込めることは人間にしかできません。どんな仕事も大切にし、心を込め、少しの工夫をするだけで、単純に思える仕事は意味のある、価値あるものに変わります。仕事をつまらなくするか、価値あるものにするかは、心がけ一つなのです。

WORDS OF KAZUKO WATANABE 04

「小さな幸せ」を大切にしよう

人間の一生の間に、大きな幸せと呼べるものは数えるほどしかない。その中で幸せになるということは、小さくてもいい、「ああ、幸せ」と思える機会を増やすことにかかっている。

▼『愛をこめて生きる』

幸せな体験というと、「いつだったかなあ」と記憶に残る出来事をたどりがちですが、実は平穏無事な日々をしっかり生きるという積み重ねの先にこそ幸せや喜びはあるのです。

人生において、平々凡々たる日々の中で「小さくてもいい、『ああ、幸せ』と思える機会を増やす」ことが大切だというのが渡辺和子の考え方です。結婚をした、子どもが生まれたといった「大きな幸せ」はたしかに思い出に残るものですし、その嬉しさはひとしおですが、人生ではそれほどの「大きな幸せ」は数えるほどしかありません。かといって、「私の人生は平凡でつまらないなあ」などと嘆いていたら、人生はもっとつまらないものになってしまいます。渡辺によると「ささやかな幸せ」というのは、小さなことでも、自分に課したものをやり遂げた時に味わうことができるといいます。

渡辺は風邪予防のために冷水摩擦などを続けていましたが、そんな「行《ぎょう》」が終わった時の「今日もできた、ありがたい」も「ああ、幸せ」と思える瞬間なのです。

今日1日を振り返り、「ああ、今日もいい1日だった」と思えること、そんな小さな幸せの積み重ねにこそ、本当の幸せがあるのです。

WORDS
OF
KAZUKO
WATANABE

05

「3つの感謝すべきこと」を手帳に書き留めよう

一見つまらないことと思われているものへの感動、感謝の心を持っていることこそが、自分を今よりもう少し幸せにする秘訣だ。

▼『忘れかけていた大切なこと』

ある時、渡辺和子はイタリアで一生を終えた1人の修道僧の伝記を手にします。そこに書かれていたのは、1日の終わりに床に就く前に、その日の出来事の中から、3つの「感謝すべきこと」を手帳に書き記す習慣を実行したという話でした。

以来、渡辺もこの「小さな習慣」を実行し始めます。人間というのは嫌なことには気付きますが、感謝すべきこと、いいことには気付きにくいものです。だから探すのです。

渡辺によると、「感謝すべきこと」は小さなことでいいのです。例えば、洗濯物がパリッと乾いていたことや、混んだ電車で運よく前の席が空いたこと、喉が渇いた時に飲んだコップ1杯の水がとてもおいしかったこと、欲しかったものが百円ショップで見つかったことなどの「一見つまらないこと」に対しても感動、感謝の心を持って「感謝すべきこと」として手帳に記入します。

すると、今まで「当たり前」と思っていたことの一つひとつが「有り難い」ものに変わっていくのです。

そんな、自分が心の中で「よかった」と感じる瞬間をたくさん持つことが、自分を今よりもう少し幸せにする秘訣なのです。

WORDS OF KAZUKO WATANABE

06

時間の使い方は命の使い方

時間が足りないがゆえの不幸もあれば、
時間を持て余して感じる不幸もあります。

▼『あなたはそのままで愛されている』

新型コロナウイルスの感染拡大によって、多くの人がテレワークを経験しました。首都圏では通勤に片道１、２時間かかるのは当たり前のことですから、仮に準備なども含めて往復で１日３時間かけて、年間２５０日余り出社するとして、こうした人たちはテレワークによって年間７５０時間以上の「浮いた時間」を手に入れることになったのです。

　これだけの時間を前にすると、人は何をしていいか分からなくなるものです。渡辺和子によると、分刻みの忙しい生活を送っていると、１日でもいい、自分の時間が欲しいと願うわけですが、時間ができていざ存分に趣味を楽しめるとなると、途端にその趣味が楽しくなくなります。実は趣味を楽しむことがその人の幸せだったのではなく、忙しさの中で寸暇を割《さ》いて行うからこそ楽しくもあり、充実感もあったのです。

　忙しい時間は人の心から余裕を失わせる一方で、暇な時間は「所在なさ」を感じさせます。時間は誰にでも平等に与えられていますが、その時間をどのように使うかは自分次第です。時間に追われるのでも振り回されるのでもなく、意義あるものにしようという意思を持って使いたいものです。

WORDS
OF
KAZUKO
WATANABE
07

思い通りにいかない人生を受け入れていこう

人生を無計画に生きたらいいなどとは思わない。しかしながら、計画したからといって、その通りに生きられるなどとも、さらさら思っていない。

▼『愛をこめて生きる』

ある経営者が「人生には上り坂と下り坂、そしてまさかの坂がある」と話していました。たしかにこの十数年を振り返ると、リーマンショックや東日本大震災、さらには新型コロナウイルスの感染拡大と、世の中は「まさか」だらけで、人も企業もこうした思いがけない逆境の中で、いかに生きるかが問われ続けています。

渡辺和子の人生も「まさか」だらけでした。幼いころ、渡辺が思い描いていた人生計画は「お嫁さんになること」でしたが、二・二六事件によって父親を亡くしたことに始まり、戦争と敗戦によって描いた夢は打ち砕かれ、後は「計画外」「予想外」のことばかりでした。

修道院に入ってからも、突然のアメリカ派遣や36歳の若さでの学長就任など「計画外」の出来事ばかりでしたが、そんな経験を通して渡辺は「人生を無計画に生きたらいいなどとは思わない。しかしながら、計画したからと言って、その通りに生きられるなどとも、さらさら思っていない」と考えるようになりました。

人生は「中断」や「当てが外れる」ことの連続です。かといって投げやりになることなく、受け入れていきたいもの。受容してこそ充実した人生を生きることができるのです。

WORDS OF KAZUKO WATANABE 08

「制約」があってこそ最善の決断ができる

制限を受けるということは、私たちに優先すべきものを選ばせることになる。

▼『「ひと」として大切なこと』

ヨーロッパに1カ月の旅行をするとして、手荷物はキャリーバッグ1個、それも20キロまでに制限されるケースと、手荷物は無制限でポーターもいますというケース、どちらも選べるとしたら、あなたはどちらを選ぶでしょうか。

当然、後者の方が楽です。何を持っていくかで悩む必要もなければ、何でも持っていけるわけですから、できるなら後者を選びたいところですが、「旅行」を「人生」に置き換えれば後者のようなケースはまずありません。たいていの人はお金や時間、生まれや才能といった制限の中で生きており、その中で「いかに生きるか」を考えるほかありません。

では、それが不自由かというと、「制約こそ創造の源」という言い方があるように、制限があるからこそ、その制限の中で人は考え、悩み、最善の決断をしようとするというのが渡辺和子の考え方です。制限があるからこそ人は自分にとって優先すべきものは何かを真剣に考えるし、足りないものをどうやって補うかも考えることができます。

「制限がもたらすありがたさ」を知ることも、よりよく生きるためには大切なことなのです。

WORDS OF KAZUKO WATANABE

09

「人間にしかできない仕事」を心がけよう

仕事を〝する〟doingもたいせつですが、どういう思いで仕事をしているかというbeingを忘れてはいけないのだと肝に銘じています。

▼『面倒だから、しよう』

渡辺和子は修練院時代、ロボットでもできる仕事のやり方をするのではなく、例えば同じように皿を並べる際も、その席に座る人に「お幸せに」と、愛と祈りを込めて皿を並べてこそ、人間にしかできない仕事になることを学んでいます。

それは渡辺が敬愛したマザー・テレサが、貧しい人のために炊き出しをするシスターたちに言っていたことでもありました。パンとスープボウルを渡す時、事務的、機械的に渡すのではなく、①相手の目を見てほほえむ　②手に触れて、ぬくもりを伝える　③短い言葉がけをする―という3つを心がけてこそ、「人間の、他の人間に対する愛と祈りの表現になる」というのがマザーの信念でした。

渡辺によると、ただひたすらに仕事をする「doing」もたしかに大切なのですが、一方で忘れてはならないのが「いかに丁寧にするか」「どういう気持ちでこの仕事をするか」という「being」（あり方）です。慌《あわ》ただしい日々の中で生活していると、時に「とにかくこの仕事をすればいいんでしょ」と雑になりがちですが、そんな忙しさの中でも「自分のあり方」に目を向けてこそ、「人間にしかできない仕事」をすることができるのです。

WORDS OF KAZUKO WATANABE 10

失ったものより、得たものに目を向けよう

人生は、いつもいつも第一志望ばかり叶えられるものではありません。そして必ずしも、第一志望の道を歩むことだけが、自分にとって最良と言えないことだってあるのです。

▼『幸せはあなたの心が決める』

アスリートたちがしばしば口にするのが「努力すれば夢は叶う」です。たしかに凄《すさ》まじい努力の日々を経て子どものころの夢を実現するというのは素晴らしいことですが、実はそんなアスリートの多くも夢に一直線に進んだわけではありません。ほとんどの人がたくさんの敗北や挫折を経験したうえで「夢は叶う」と言うのです。

渡辺和子も自らの人生を振り返り、第一志望ではなく、第二志望を何回も余儀なくされたと話しています。小学校は学習院を受験したものの不合格となり、成《せい》蹊《けい》小学校に進んでいます。国立に憧れてお茶の水女子大を受験するも補欠の2番で不合格となり、現在の聖心女子大に進んでいます。さらに修道会に入るならサンモール会と決めていながら管区長が代わったことで断られ、ノートルダム修道女会の門を叩いています。

そんな挫折を振り返りながら、渡辺は成蹊や聖心、ノートルダムでよかったと心の底から思ったといいます。第二志望に進んだからこそ、「失ったものに目を向けず、得たものに目を向けて生きる」こと、たとえ第一志望が叶えられなくとも、それだけが自分を活かす「唯一の道」ではないと知ることができたのです。

WORDS OF KAZUKO WATANABE 11

「どこで咲くか」ではなく「咲く」ことが大切

花にとって一番たいせつなのは、どこで咲くかではなくて、またはほかの花と自分を比べて見劣りがするか見栄えがするか、そんなことではなくて、咲くということです。

▼『あなただけの人生をどう生きるか』

渡辺和子の大ベストセラーと言えば『置かれた場所で咲きなさい』ですが、渡辺がこの言葉に出会ったのは、ノートルダム清心女子大の三代目学長に就任したころのことです。岡山という初めての土地、36歳の若さで学長という大役に任ぜられたことで風当たりは強く、自信を失いかけた渡辺がある神父から渡された英語の詩の冒頭に書かれていたのが「神が植えたところで咲きなさい」という言葉でした。

置かれた場所に不満を持ち、他人の言葉や態度によって幸せになったり不幸せになったりしては、自分の幸せを人任せにすることになってしまいます。「大切なのは、どんな環境にあっても自分の花を咲かせることだ」と決心した渡辺は、自分自身が変わることで周りを変え、状況を変え、花を咲かせることができたのです。

花と一口に言っても、豪華な花もあれば、ひっそりと咲く花もあります。「もっと日当たりがよければ」「もう少し風が弱ければ」などと思うこともあるでしょうが、花にとって一番大切なのは「どこで咲くか」ではなく、「咲く」ことであり、自分にしか咲かせられない花を精一杯咲かせることだというのが渡辺の大切にした考え方です。

WORDS
OF
KAZUKO
WATANABE

12

今日一日を精一杯生きてこそ明日が見えてくる

「今」をたいせつにして生きないと、花は開かない。今をいい加減に生きると、次の瞬間もいい加減なものとなり、いい加減な一生しか送れないことになってしまう。

▼『愛をこめて生きる』

計画などを立てる時、「よし、明日から頑張ろう」「来月からこの方針で頑張るぞ」と口にしたことはないでしょうか。しかし、せっかく素晴らしい決意をしても、「明日から」「来月から」では、今この瞬間の意気込みは薄れてしまいます。

渡辺和子は「『今』の『心』と書いて『念』という字になる」ことに気付いた時、「念ずれば花開く」という言葉の意味が実感できたといいます。何かを成し遂げるためには、「今」を大切にして生きることが大切で、「今」を大切にしないで、いい加減に生きてしまうと、決して花は開かない、という意味です。


「今を大切に」というと、いつも緊張して生きなければならないと感じる人もいるかもしれませんが、渡辺の言う「今を大切に」は「今にけじめをつける」という意味です。何かをやる時には、中途半端ではなく、自分が空っぽになってもいいというほど激しく生きますが、それをやり遂げたなら思い切りリラックスをします。

今日という日を大切に思い、決していい加減な生き方をしない。その積み重ねこそが明日を、来月を、来年を、そして人生を素晴らしいものにしてくれるのです。

WORDS OF KAZUKO WATANABE 13

時には「時間の使い方」を振り返ってみよう

ぞんざいに生きていないか、
不平不満が多くなっていないかを、
時にチェックしてみないと、
私たちの使える時間には限りがあるのです。

▼『面倒だから、しよう』

「成果を上げる者は、時間が制約要因であることを知っている」という、経営学者ピーター・ドラッカーの言葉があります。時間はみんなに平等に与えられていますが、時間の使い方は人それぞれで、その使い方次第で人生は意義あるものにも、ただ過ぎ行くものにもなるのです。

1947年、渡辺和子は聖心女子学院専門学校（現・聖心女子大）の英語科へ再入学しますが、渡辺の学生生活は慣れない英語を身につけることと、生活のためのアルバイトに明け暮れるものでした。クラブ活動をする暇もなく、友人と旅行をする時間さえないほどの忙しさでしたが、渡辺自身は当時を振り返って「後悔はない」としてこう話しています。

「わずかな時間を見出して、その時、その時で自分にとって最も大切なことをする。その連続でしたが、今思えばその時間がとても貴重でした」

渡辺によると、時間は人間と無関係に過ぎ去っていくものですが、だからこそ人間は自分に与えられた24時間を「その人にしか送れない、その人の一生を刻む大切な時間」として過ごしていくことが必要なのです。時間を価値あるものにするかどうかは、その人の時間の使い方次第なのです。

WORDS OF KAZUKO WATANABE 14

「有り難い」ものに感謝しながら生きよう

生命は尊いものである。
しかし、空気に似て、
なければ生きていけないが、
ある時にはその存在を意識しないことが多い。

▼『愛をこめて生きる』

渡辺和子によると、「ありがたい」という漢字が表しているように、「有り難い」「有ることが難しい」という気持ちを表す言葉です。「あって当たり前」と思っている水や空気も、なければ人は生きていくことができません。世の中には「有り難い」ものがたくさんあるにもかかわらず、その「ありがたさ」を忘れているというのが渡辺の指摘です。

渡辺は二・二六事件で突然父親を亡くしています。その日、死が来ることが分かっていれば誰でも用心しますが、死は思いがけない時に来るものです。病気や苦しみ、災難、事故なども同様です。突然の大きな災害でたくさんの人が亡くなった時、人は生きていることのありがたさを痛感しますが、それでもしばらくすればその「ありがたさ」を忘れてしまいます。今、生きていること、生活していることは決して「当たり前のこと」ではありません。

渡辺にはある人から言われた忘れられない教えがあるといいます。それは「人の命も、ものも、両手でいただきなさい」というものですが、突き返したいような悪いことも、すべてのものが実はとても「ありがたいこと」だと気付けば、幸せの度合いは高まると渡辺は言うのです。

WORDS OF
KAZUKO WATANABE

第二章

「あと一歩の勇気」
を持とう

WORDS OF KAZUKO WATANABE 15

傍観者《ぼうかんしゃ》になるな、あと一歩を踏み出そう

〝不親切ではない〞ことに甘んじないで、〝親切〞を心がけましょう。〝冷たくない〞だけでは不十分です。〝ぬくもりのある〞応対が求められています。

▼『面倒だから、しよう』

「人は消極的に悪事をなさぬというだけでは物足らないのである」と、「日本の資本主義の父」と呼ばれる渋沢栄一が言っています。

親は子どもに「悪いことをしてはいけません」とは教えますが、渋沢は「悪いことをしない」のは最低限のルールであり、積極的に「世のため人のため」に善いことをして、初めて社会はよりよいものになると言うのです。

渡辺和子も、他人に迷惑さえかけなければよいという消極的な道徳から一歩進んで、他人に尽くし、奉仕するなど、社会の前進に寄与する積極的な道徳こそが必要だと説いています。「暗い」と不平を言うよりも、進んであかりをつけるという、自ら動く姿勢があってこそ世の中を変えていくことができるのです。そして人に対しても「不親切ではないけれども、決して親切とは言えない」態度ではなく、「親切」を心がけること、「冷たくないけれども、ぬくもりに欠ける」態度ではなく、「ぬくもりのある」態度で接することこそが大切だと考えていました。

私たちはとかく傍観者を決め込むところがありますが、大切なのは「もう一歩踏み出す勇気と優しさ」なのです。

WORDS OF KAZUKO WATANABE

16

「面倒くさい」と思ったら、率先してやろう

面倒だから、しましょう。

▼『忘れかけていた大切なこと』

オフィスや工場などで目にする標語の1つが「整理整頓」や「5S」です。「5S」というのは、整理・整頓・清掃・清潔・躾《しつけ》のことですが、なぜここに「躾」が入っているかというと、整理整頓の行き届いた清潔な環境を維持していくためには、大がかりなことではなく「ゴミが落ちていたら拾う」「汚れに気付いたら拭《ふ》く」といった小さなことの積み重ねこそが大切で、それが美しい職場づくり、よいものづくりにつながるからです。

しかし、実際には「ゴミが落ちていたら拾う」「汚れに気付いたら拭く」といったことは、そのひと手間が面倒で、「何も自分がやらなくても、他の誰かがやるだろう」と人任せになったり、「そんなことに自分の時間を割《さ》かなくても」と「損な役回り」を避けようとする人が少なくありません。

日々の生活の中にもこんな「面倒なこと」がたくさんありますが、それを「面倒だから、しましょう」と自分にも学生にも言い続けたのが渡辺和子です。「ああ、面倒くさい」と感じたら、率先してやってみます。誰がほめてくれるわけでもありませんが、自分の心の中の「よかった」の積み重ねによって人は自立した幸せな存在となることができるのです。

WORDS OF KAZUKO WATANABE

17

平和は日々の暮らしの中でつくり出すもの

人間には戦争を引き起こす力があると同時に、平和をつくり出す力があることも忘れてはならないと思います。

▼『強く、しなやかに』

渡辺和子の父親・渡辺錠太郎《じょうたろう》は二・二六事件で青年将校に殺されていますが、なぜ陸軍大将まで務めた人が同じ軍人に殺されなければならなかったのでしょうか。理由は、時代が戦争へと突き進む中、錠太郎は非戦論を唱えていたからです。渡辺によると、父親の口癖は「戦争は勝っても負けても国が疲弊するだけ。軍備はしっかりしないといけないが、戦争だけはしてはならない」でした。

ヨーロッパの駐在武官時代、第一次世界大戦後のヨーロッパ各国の惨状を見てきた錠太郎ならではの見解でしたが、こうした発言が疎《うと》んじられての悲劇だったのです。そんな父親の死を目にし、戦時下で少女時代を過ごした渡辺は、「二度とあのような戦争を起こしてはならない」と考えていました。ただし、平和はただ願うものではなく、「日々の暮らしの中でつくり出していくもの」とも考えていました。

「相手の話をちゃんと聞き、自分の意見をはっきり述べ、何が正しいかを語り合う」

「人間には戦争を引き起こす力があると同時に、平和をつくり出す力がある」

戦争をするのも人間なら、平和をつくり出すのも人間なのです。

WORDS
OF
KAZUKO
WATANABE

18

物事は時に「反対側」から見てみよう

何か「損した」と思うようなことを、
もし自分がしなかったとしたら
何を「得したのか」と考えてみる。

▼『愛をこめて生きる』

あるプロ野球選手は高校生のころ、みんなが嫌がる草取りや掃除を率先してやっていましたが、そんな「裏の努力」を続けるうちに、なぜか野球の実力も伸びたといいます。裏の努力は気持ちを磨き、そんな気持ちの強さがグラウンドでの強さにつながったのです。

しかし、現実の集団生活において、部屋やトイレの掃除、ゴミ捨てなどの順番を当番制で決めたにもかかわらず、他の人が決めごとを守らず、いつも自分がやるはめになったとしたら、たいていの人は「どうして私だけがこんな損な役回りをしなければならないのか」と不満を持つものです。

そんな時、渡辺和子は「反対から考えてみたらどうか」と提案しています。

自分だけが部屋やトイレの掃除をしなければならないと、たしかに「私ばかりが損をしている」と思うかもしれませんが、では自分も掃除をしなかったら、何か「得をした」ことになるのでしょうか。それでは部屋もトイレも汚れたままで、きっと嫌な気持ちになるはずです。そんな気持ちになるよりも、きれいな部屋やトイレを見て、「してよかった」と思うことの方が遥かに幸せ感があるというのが渡辺の考え方です。

WORDS OF KAZUKO WATANABE 19

自分の周りの「カルカッタ」に気付く人になろう

あなたたちの周辺の「カルカッタ」で喜んで働く人になってください。

▼『幸せはあなたの心が決める』

「神の愛の宣教者会」をインドのカルカッタ（現・コルコタ）に設立し、路上で暮らす貧しい人や病気の人たちの救済活動を行い、１９７９年にノーベル平和賞を受賞したマザー・テレサは、１９８４年にカトリック岡山教会やノートルダム清心女子大を訪問しています。

その際通訳として付き添った渡辺和子は、マザーの話に感動した学生たちが奉仕団を結成してカルカッタへ行きたいと申し出た際のマザーの言葉が強く印象に残っているといいます。

「わざわざカルカッタに来なくてもいい。あなたたちの周辺の『カルカッタ』で喜んで働く人になってください」

その言葉は学生に感銘を与え、のちに高校教師となった卒業生は、他の教師から「お荷物」と思われていた生徒に対し、授業中に目が合うと努めてほほえんだといいます。渡辺に言わせれば、その卒業生はマザーとの約束を守り、自分の周りの「カルカッタ」で立派に働いたのです。

カルカッタに行かなくとも、自分の周りの淋《さみ》しさ（カルカッタ）に気付き、優しい言葉をかけ、ほほえみを差し出すことはできます。その積み重ねが、世の中を少しだけよいものにしていくのです。

WORDS OF KAZUKO WATANABE 20

「したいことを、しない」意志を育てよう

「したい性」を育てると、「主体性」は育ちません。

▼『忘れかけていた大切なこと』

「コロナ禍」でテレワークが求められ、自宅で仕事をするようになった人の多くが戸惑ったのが、時間管理の難しさでした。目の前には「やるべき仕事」がたくさんあるにもかかわらず、周りに上司がいないのをいいことに、テレビを見たり、ゲームをやるという、「やりたいこと」につい時間を取られて、後で慌てることになったという話をよく聞きました。

　仕事に限らず、人生には「したいこと」と同時に「しなければならないこと」や「してはいけないこと」があります。そんな時、「したいこと」を優先して「しなければならないこと」を置き去りにしてしまうと、後で後悔することになります。渡辺和子は若いころ、上司から「まず、しなければいけないことをしなさい」と教えられて以来、こう考えていました。

「『したい性』を育てると、『主体性』は育ちません」

　たくさんのやるべきことが目の前にある時、大切なのは「しなければならないこと」を優先し、「したくても、しない」と、自分の意志や判断で責任を持って行動する主体性です。自立した大人であれば、自分の「したい性」を抑えて、「主体性」を身につけなければならないのです。

WORDS OF KAZUKO WATANABE 21

「当たり前のこと」をとことんやり通す

わかり切ったことが、実はコツなのではないか。

▼『愛をこめて生きる』

渡辺和子は、ある日の新聞に載っていた「洗面台をきれいにするための生活の知恵」という記事を吸い寄せられるように読んだ時のことが忘れられないといいます。修道院の個室にも小さな洗面台があったからですが、記事に書かれていたのは「いつもきれいに保つには、コマメに拭《ふ》くことです」という拍子抜けするような一文でした。最初は「分かり切ったことだ」で片づけそうになりましたが、しばらくして「分かり切ったことが、実はコツなのではないか」と思い直したといいます。

人が記事に期待するのは「一瞬できれいに」という魔法ですが、魔法が必要になるのは、日頃の手入れや掃除を怠ったがために、簡単には汚れが落ちなくなるからです。「汚れたら拭く」という当たり前のことを日々実行することさえできていれば、魔法など必要ないのです。

「コマメに拭く」もそうですが、みんなが「当たり前だ」「分かり切ったことだ」と言うことを「とことんやる」ことのできる人は案外少ないものです。「当たり前のことを当たり前にとことんやる」ことができる人こそが、実は「凄《すご》いこと」ができる人なのです。

WORDS OF KAZUKO WATANABE 22

よいことをした時は素直に満足する

人間は神ではないのだから、100%むくいを求めない仕事などできっこない。（中略）自然に満足感を覚えるのは当たり前なのだ。それを素直に、謙虚に受け取ったらいい。

▼『目に見えないけれど大切なもの』

有名人が被災地の支援などを行う時、頭を悩ませることの1つが「所詮《しょせん》、売名行為だろ」という心ない批判です。そんな批判に対して堂々と「もちろん売名だよ」と言い切ったのが、多くの時代劇の主役を演じた俳優で、数々のヒット曲を持つ歌手でもあり、慈善活動家としても知られる杉良太郎です。

自分がこれまでやってきたことへの自信からの言葉ですが、慈善活動などをする人にとって「売名行為と思われるのでは」「所詮、自己満足では」といった葛《かっ》藤《とう》はいつもつきまといます。

渡辺和子はノートルダム清心女子大の学長時代、毎年、街頭募金に立っていましたが、「一緒に立ってくれないか」と声をかけた学生の中には「結局、自己満足でしょ」と断る人もいたといいます。渡辺は、こうした経験を「人間はどこかでむくわれていないと生きていけない」という言葉とともに振り返っています。

自己満足だけを求めて募金活動を行うとしたらほめられたことではありませんが、一方でよいことをしたら満足感を覚えるのは人間なら当然のことです。その気持ちは、素直に謙虚に受け取ればよいのです。

WORDS OF KAZUKO WATANABE 23

不完全な者同士が支え合うのが人間の姿である

愛の反対を私たちは憎しみであると思いがちであるが、愛の真反対にあるのは、実は愛の欠如――「無関心」なのだ。

▼『目に見えないけれど大切なもの』

「『不可能』の反対語は『可能』ではない。『挑戦だ』」は、黒人初の大リーガーといわれるジャッキー・ロビンソンの言葉ですが、では「愛」の反対語は何かというと、渡辺和子はマザー・テレサの言葉を引用して「憎しみ」ではなく「無関心」だと言っています。「憎しみ」はもちろんよいことではありませんが、たとえ憎い相手であっても「関心」があり、関心があるからこそ「憎しみ」も湧いてきます。子ども時代、好きだからこそいじわるをする子どもがいるように、関心があれば、時にそれは愛に変わったり、憎しみの気持ちに変わったりするのです。

それに対して「無関心」からは何も生まれません。誰にも望まれていない時、人はもっとも傷つきます。ネット社会の特徴の1つは、自分が関心のある人やものの情報は次々と集めるのに対し、関心のない人やものの情報はほとんど集めないことです。そもそも関心がないのですから、そこに愛が生まれることもありません。

「人」という字が表しているように、不完全な者同士が支え合うのが人間の姿だとすれば、関心の輪から一歩を踏み出して、「お互いがお互いを必要としている」ことを改めて知ることが大切なのではないでしょうか。

WORDS OF KAZUKO WATANABE

第三章

「ほほえみ」を浮かべて生きていく

WORDS OF KAZUKO WATANABE 24

不機嫌を振りまくな、笑顔で生きよう

私は、不機嫌は、立派な環境破壊だと思うのです。

▼『面倒だから、しよう』

最近では「ＳＤＧｓ」という言葉を目にしない日がないほど、たくさんの人が「環境破壊」や「持続可能な社会」について考え始めていますが、私たちの普段の振る舞いの中にも、実は「環境破壊」があるというのが渡辺和子の指摘です。

かつて『不機嫌な職場』という本がヒットしたことがあります。仕事に追われる日々の中でみんなが不機嫌になり、お互いを信頼しないギスギスした人間関係の中で働く人たちのことを指したものですが、渡辺も学長に就任した当初は、挨拶をしても挨拶を返してくれない人たちや、思い通りに動いてくれない人たちに対して、心の中が波立つことも少なくなかったといいます。そんな時、かつて母親から言われた「あなたには、他人の生活まで暗くする権利はありません」という言葉を思い出しました。

人の心をむしばむのは、私たち一人ひとりが発する心ない言葉や表情、態度であり、それが家庭や職場の環境破壊につながっているのではと気付いた渡辺は、以来「笑顔で生きる」ことを心がけるようになったのです。不機嫌は立派な環境破壊です。対して、笑顔で生きることは立派な環境保護活動なのです。

WORDS OF KAZUKO WATANABE 25

他人が変わることを期待せず、自分が変わろう

自分が期待したほほえみがもらえなかった時、
不愉快になってはいけない。
むしろ、あなたの方から
相手にほほえみかけなさい。

▼『置かれた場所で咲きなさい』

新しい職場に移った時に、多くの人が感じる不満の1つは「みんなが挨拶をしてくれない、声をかけてくれない」という疎外感です。

ノートルダム清心女子大の学長に就任したばかりのころ、渡辺和子は目の回るほどの忙しさの中で、「くれない族」になってしまったといいます。

疲れ果てているのに、誰も「大変ですね」「お疲れさま」とも声をかけてくれない。挨拶を返してくれない。自分の言うことを分かってくれない、感謝してくれないなどといったたくさんの「くれない」が重なることで、小さなことで腹を立てたり、落ち込むことが増えたといいます。

そんな渡辺を救ったのが「ある人は、あなたにほほえみを与えることができないほど疲れている。その人にほほえみをあげることができるのは、あなたです」という、ロバート・バーの「ほほえみ」という詩の一節でした。

最初、渡辺は「そんな不合理な」と思いましたが、自ら進んで挨拶をして、お礼を言うようにしたところ、相手の対応も変わり、学校が明るくなったのです。

不満があれば、まずは自分が変わることです。それだけで周りも少しずつ変わってくるのです。

WORDS OF KAZUKO WATANABE 26

「笑顔」は人から人に伝播する

ものごとがうまくいくから、ほほえむのではなくて、ほほえむから、ものごとがうまくいくのです。

▼『あなただけの人生をどう生きるか』

ある赤字の子会社を再建するために親会社から派遣された社長が最初にしたのは、朝と夕方、工場に行って大きな声で「おはようございます」「ご苦労様」と笑顔で挨拶をすることでした。元々が笑顔や挨拶の少ない工場だっただけに、最初はみんな怪訝《けげん》そうな顔をして、せいぜい会釈《えしゃく》をするくらいでしたが、それでも1カ月、2カ月と続けるうちに社員たちも挨拶するようになりました。そこから会話も始まり、その会社はわずか2年で黒字へと転換することになりました。

笑顔や挨拶は伝播《でんぱ》するものです。そこから会話が生まれ、人と人とが協力するようになるのです。渡辺和子は学長時代、すれ違う学生や職員一人ひとりの名前を呼び、「おはようございます」「こんにちは」と、にこやかに声をかけることを習慣にしていました。本来、挨拶をされる立場の渡辺が、なぜそこまでするのでしょうか。理由は、渡辺の挨拶には名前を持った、かけがえのない、たった1人の人へというメッセージが込められているからです。

大切なのは苦しみの中でもほほえみを絶やさないことです。「ほほえむから、ものごとはうまくいく」というのが渡辺の経験からの言葉です。

WORDS OF KAZUKO WATANABE 27

しんどいからこそ、あえて笑顔を

しんどそうな顔をしても
仕方ありませんからね。
やはり、明るい顔をしていた方が
物事はうまくいきます。

▼『強く、しなやかに』

人はしんどい時、辛《つら》い時にはどうしても暗い顔になりがちですが、そんな時にこそ上に立つ人間は明るく元気でいた方がいいのです。

2008年から2009年にかけてトヨタ自動車は巨額赤字に加え、アメリカで大規模リコールが発生し、大変な危機に見舞われました。対策の陣頭指揮に立った新社長の豊田章男《あきお》は「笑顔のないところでは、いい仕事はできない」をモットーにみんなを励まし続け、そのかいあってトヨタ自動車は見事に危機を乗り越えて、再び成長軌道に乗ることができたのです。

若くして大学の学長となった渡辺和子は、激務の中で余裕を失ったこともあれば、後半生にはうつ病や膠原《こうげん》病、骨粗しょう症といったさまざまな病に苦しむこともありましたが、1日5回のお祈りは決して欠かすことはありませんでしたし、いつも心がけていたのが「明るい顔をしている」ことでした。

人生は思い通りにならないこともありますが、そんな時にも明るい顔をして、心の中でにっこりと笑うようにします。しんどそうな顔よりも、明るい顔をしている方が物事はうまくいく、というのが渡辺の持論です。

WORDS OF KAZUKO WATANABE 28

真の勇気は、日々ほほえみながら生きていくこと

起きたくない朝がたくさんあります。

それにもかかわらず私たちが起きて、しかもほほえみを浮かべながら過ごしてゆかねばならないところに真の勇気があります。

▼『あなただけの人生をどう生きるか』

「勇気」というと、困難に立ち向かうとか、逆境を乗り越えるといった大きなものを想像しがちですが、渡辺和子は今日という1日を生きていくことにも勇気が必要だと考えていました。

学校や職場で嫌なことが続くと、学校へ行くことや、仕事に行くこと自体が辛《つら》いと感じることがありますが、その気持ちを抑え、起きたくない朝にも起きて出かけることも1つの勇気です。

あるいは、職場などで同僚にほほえみながら挨拶をしたにもかかわらず、相手がほほえんで挨拶をしてくれないと、たいていの人は落ち込みますが、そんな時にも不愉快になることなく、次の日にもほほえみながら挨拶をすること、それも1つの勇気なのです。

渡辺によると、人生は遊びではなく、仕事であり、1つの闘いです。当然、楽しいことばかりではなく、嫌なこと、辛いこともたくさんありますが、それにくじけず朝起きて、新しい1日を笑顔で始めるためには大変な勇気が必要です。

日々を真面目ににこやかに生きることができる人は、それだけで真の勇気のある人なのです。そんな人だけが、苦しみを通った後に得られる平和と美しいほほえみを持つことができるのです。

WORDS OF KAZUKO WATANABE 29

角度を変えれば違って見える

物事は裏返してごらんなさい、片側は真っ黒焦げかもしれないけれど、もう一方の片側は黒焦げになっていないかもしれないということです。

▼『面倒だから、しよう』

よく言われることですが、物事はどの角度から見るかによって「見え方」が変わるものです。

渡辺和子がアメリカの修練院で暮らしていたころに聞いた話です。ある修道院ではトースターがなく、料理当番の人は朝食のパンをオーブンで焼いていました。片側を焼いてからひっくり返して、反対側を焼いて出すのですが、たまにうっかりしてトーストが黒焦げになることがありました。もったいないので、それもそのまま大皿に載せて提供されます。

ある時、黒焦げのトーストを手にした1人の修道僧が「また黒焦げか」と不機嫌な顔で取り、次の人に大皿を渡しました。すると、次の修道僧も黒焦げのトーストでしたが、裏返して、「ああ、片側だけでよかった。ありがたかった」と言ったのです。このように、ものの見方は1つではありません。「頑固一徹《がんこいってつ》」と言われる人も、反対側から見れば「信念を持っている」と言えるかもしれませんし、予期せぬ病も「健康のありがたさを教えてくれている」とも言えます。

嫌なことがあった時にもただ落ち込むのではなく、トーストを裏返してみるだけの心のゆとりを持つことが、平安と幸せをもたらしてくれるのです。

WORDS OF KAZUKO WATANABE 30

虚栄心に駆られず「自分らしく」生きる

「ありのままの自分」と、「ありもしない自分」とのギャップが大きければ大きいほど、隠すものが多くて疲れは激しい。

▼『目に見えないけれど大切なもの』

SNSは、ごく普通の人が世の中に向けて自由に発信できるという意味で、とても便利なツールです。しかし、そのSNSに時間を取られすぎて、疲れていないでしょうか。ある芸能人が、お金がないにもかかわらず、無理して自分を「セレブ」のように見せていたことがあると告白していました。そこまではいかないにしても、「いいね」欲しさに「背伸び」をした経験を持つ人は少なくないのではないでしょうか。

渡辺和子によると、人の中には「ありのままの自分」と「ありもしない自分」、つまり人によく見てもらいたいと背伸びをする自分がいます。「ありのままの自分」だけで通せるなら苦労はしませんが、人はつい他人にそんな自分を見せたくなくて、「ありもしない自分」「見てほしい自分」を無理に演じるところがあります。あるところまではうまくいったとしても、いずれは演技に無理が生じ、四苦八苦することになってしまいます。

人に認められたい、「いいね」と言われたいのは人間の自然な感情ですが、そこに「ありのままの自分らしさ」が欠けては意味がありません。虚栄心に駆られて目先の「いいね」を追い求めるよりも、自分らしく生きることが大切なのです。

WORDS OF KAZUKO WATANABE 31

真の美しさはお金ではなく「心」がつくる

きれいさにはお金がかかるけれど、
美しさにはかからない。

▼『どんな時でも人は笑顔になれる』

「知識はお金で買えるが、知恵はお金では買えない」という言葉があります。知識は学校に通ったり、本を読んだりすることで身につけられますが、知恵というのは自分で考え、実行し、試行錯誤を繰り返すという実践の中でしか身につきません。だから人が生きていくうえで本当に必要な「生きた知恵」はお金では買えない、という意味です。

同様に、お金で買えるのが「きれいさ」なら、お金で買えないのが「美しさ」だというのが渡辺和子の考え方です。今の時代、「いくつになってもきれいでいたいから」と、若いうちから化粧やエステ、さらには美容整形に至るまで、「きれい」のためならお金と時間を惜しまない人も少なくありません。その努力には頭が下がりますが、渡辺は、お風呂に入ったり、雨に濡れれば剥《は》がれてしまう「きれい」よりも、雨が降っても落ちない化粧、つまり「真の美しさ」を身につけることこそ大切だと、学生たちに話していました。

渡辺によると、人間の美しさは、内面から生まれてくるものです。そのためには「面倒だから、やりたくないな」と思うようなことも率先してやること、正しい言葉遣いやマナーを心がけることが大切なのです。

WORDS OF KAZUKO WATANABE 32

奇抜さで目立つより、「美しい人」になろう

目立ちたければ（中略）今の人が忘れがちな「美しいおじぎ」とか、「正しい言葉遣い」とか、お年を召した方に、「進んで席を譲る」とか、そういうことで目立ちなさい。

▼『ふがいない自分と生きる』

若い人にとって「なりたい憧れの仕事」の1つである「ユーチューバー」ですが、中には「迷惑系ユーチューバー」と呼ばれる人もいます。他人に迷惑をかけることもお構いなし、目立って視聴回数さえ伸びればいいという人たちです。

渡辺和子によると、昔の学生に比べて、今の学生は「私が」「私を」という「私」が強いといいます。迷惑をかけるところまではいかなくても、個性的になりたい、目立ちたいという気持ちは強く持っています。結果、髪の毛を派手な色に染めたり、奇抜な衣装を着て、それを「個性」と主張します。

たしかに「目立ちたい」という目的は果たしているかもしれませんが、例えば、スマホばかり見るのではなく本を読む、自分の考えをしっかりと話せるようになる、困っている人を見たら傍観者《ぼうかんしゃ》にならず進んで行動を起こすなど、もっと違う目立ち方もあるのでは、というのが渡辺の考え方です。

行為や外見の奇抜さはたしかに人目を引きますが、周りからの「顰蹙《ひんしゅく》」を買うことになります。それよりも言葉遣いや行為の美しさを磨くことを心がければ、やがて「美しい人」になることができるのです。

WORDS OF KAZUKO WATANABE 33

「他人の評価」より「内なる評価」を大切にしよう

他人の評価とは別に
「自分」が存在することも
忘れてはなりません。

▼『幸せはあなたの心が決める』

グーグルなどの検索サイトを使って、自分の会社や自分の作品、または自分自身に対するネット上の口コミや評判を調べることを「エゴサーチ」と言います。芸能人の中には、「落ち込むからエゴサーチはやらない」という人もいれば、「演技やトークの参考に」とあえてエゴサーチをする人もいるようです。

他人からどう見られているか、他人からどのように評価されているかは誰もが気になるものです。ほめられれば嬉しいし、たとえ批判であっても、それをバネにできればいいのですが、誰もがネットを使うようになった時代、心ない批判に傷つく人も少なくありません。

他人の評価に謙虚に耳を傾けるのは大切なことですが、あまりに他人の評価や意見を気にしすぎて、自分のやるべきことができなくなったり、自分のよさを見失うのは愚かなことです。

渡辺和子によると、大切なのは「他人の評価とは別に『自分』が存在する」ことをしっかりと自覚しておくことだといいます。自分の人生を生きるためには「他人の評価」とは別に、自分自身を温かく、そして冷静に評価する「内なる評価」をしっかりと持っておく必要があるのです。

WORDS OF KAZUKO WATANABE

第四章

人は「変わる」ことで成長できる

WORDS OF KAZUKO WATANABE 34

自分の「未知の可能性」を信じよう

いろいろな人との出会いやさまざまな経験を通じて「未《いま》だ見ざる我」に気づきながら、パーソナリティを自分らしくつくっていくことが、大事なのです。

▼『面倒だから、しよう』

若い人がしばしば「自分探し」という言葉を口にしますが、「自分というものは押入れを開ければ見つかるようなものではない」というのが、渡辺和子の経験からの言葉です。

修道院に入り勉強していたころも、渡辺はまさか自分が大学の学長になるなどとは想像もしていなかったし、自分にそんなリーダーシップがあるとも思ってはいませんでした。ところが、周りの人たちは渡辺の中に、渡辺自身が気付いていない「未見の我」を見出したのか、アメリカへ修行に送り、やがて大学の学長という重責を任せることになったのです。当然、たくさんの苦労もありましたが、そんな経験を経て、渡辺は「私にもリーダーになる資格があったんだ、こんな私が潜んでいたんだ」と気付くことになったのです。

音楽家の坂本龍一は、「人間は自分で無理難題を出すことはない。けれど他人はやるんです。思いもつかない仕事をやれと言われたら、まず自分をそこに投げ込むことです」と話しています。人にはそれぞれにまだ見ぬ自分がおり、それは渡辺が言うように、さまざまな人との出会いや、さまざまな経験を通して自分でつくり上げていくしかないのです。

WORDS OF KAZUKO WATANABE 35

「待つ」ことで、イライラする自分を変えていく

どれほど忙しくても、
四秒が待てないほどの仕事は
めったにありません。

▼『現代の忘れもの』

エレベーターに乗った時、行き先階のボタンを押した後、「閉」ボタンを押す人が多いかと思いますが、せっかちな人はエレベーターに乗り込むや否や「閉」ボタンを押して、次に行き先階のボタンを押すようです。理由は「時間がもったいない」からです。先に「閉」ボタンを押したからといってどれほどの時間が節約できるかは分かりませんが、どちらにせよ、たいていの人はエレベーターに乗ると「閉」ボタンを押して、目指す階へ少しでも早く行きたいと考えるようです。

渡辺和子はある時、行き先階のボタンを押してから自然に扉が閉まるまで何秒かかるかを計測しました。結果は4秒でした。それを知り、渡辺は「私はどうしてこの4秒が待てないのだろう」と考えました。日々暮らしていれば、4秒などあっという間です。株式のデイトレードでもやっていればともかく、4秒を待てないほどの仕事はめったにありません。以来、渡辺は大学のエレベーターに1人で乗る時だけは「閉」ボタンを押さず、そのまま閉まるまで待とうと決めたのです。

自分を「待たせる」ことによって、心にゆとりを持たせることができるのです。

WORDS OF KAZUKO WATANABE 36

自分の人生を人任せにしない

本当の女性の自立
または人間の自立というのは、（中略）
自分の幸せとか不幸せを、人任せにしないで
生きるということだと思います。

▼『現代の忘れもの』

人生で大切なのは、自分自身が目標に向かって行動することですが、現実には何の努力もしない人がいます。そんな人が自分を納得させるために用いる言葉が「もしも～であったら」という弁解です。

例えば、こうです。

「もしも両親が裕福だったら、私はもっと楽に生きることができたのに」

「もしも夫の収入がもっと多かったら、子どもをいい学校に入れることができたのに」

「もしも上司に理解があったなら、私ももっといい仕事ができたのに」

こうした「もしも」はたしかに現実の一部かもしれませんが、そこにあるのは「悪いのは私ではなく、他人や環境である」という言い訳です。このような考え方を渡辺和子は「自分の幸せや不幸せを人任せにすること」だと断じています。

「自立」、特に「女性の自立」というと、経済的に自立することを考える人が多いのですが、渡辺はそれ以上に大切なのが「自分の幸せとか不幸せを人任せにしないで生きること」だと考えていました。

「人任せ」の生き方には危うさがつきまといます。自分の人生は自分で選択し、自分で責任を負う覚悟が何より大切なのです。

WORDS OF KAZUKO WATANABE 37

責任を持つとは失敗から学び、失敗を活かすこと

涙よりたいせつなこと。
それは自分の失敗を客観的に見つめ、
次の機会に活かすということ。
それが責任を持つということ。

▼『強く、しなやかに』

渡辺和子は父親を早くに亡くしたこともあって経済的に苦しく、聖心女子大在学中はアルバイトをしながら学校に通っていました。その1つが上智大での事務のアルバイトでしたが、上司となるミラー神父は渡辺に仕事を命じる際、「出来上がりにミスが1つでもあったら、これが最後の仕事になると思ってください」と言うほど厳しい人でした。

慣れない英文タイプライターや未熟な英語力のために、苦労して仕上げたタイプ文にミスが見つかり、最初からやり直すこともありました。働くことの厳しさに渡辺が悔しくて涙を流すと、ミラー神父は慰めるどころか不思議な顔をしました。渡辺に求められていたのは涙を流すことではなく、プロとして任された仕事を完璧に仕上げることでした。

「涙より大切なこと。それは自分の失敗を客観的に見つめ、次の機会に活かすということ。それが責任を持つということの意味であり、責任の重さなのだと仕事を通して教わりました」と振り返っています。人間はみな失敗をするものですが、失敗を恐れて挑戦をやめたり、失敗を隠したりせず、失敗からたくさんのことを学び、失敗を活かしながら成長していくべきものなのです。

WORDS OF KAZUKO WATANABE 38

「才能」の差は「努力」で埋める

私たち人間の価値は、
生まれた時にもらった
タレントの多寡《たか》にあるのではなく、
それを何倍にも増やす努力にある。

▼『スミレのように踏まれて香る』

スポーツの世界でよく言われるのが、「（プレーの）才能の有無はすぐに分かるが、努力の才能は分からない」です。

野球の名監督だった野村克也によると、プロになるほどの選手は、子どものころから抜きん出た力を発揮しますが、それでもプロで開花できない選手がいる理由の1つは、才能に胡坐《あぐら》をかき、努力を怠って成長しなくなるからです。反対に、入団時の期待はそれほどではなかったものの、圧倒的な努力によって球界を代表する選手へと育つ選手もいます。

成功は、持って生まれた才能とは別の、努力する才能によって決まるのです。

渡辺和子によると、神における平等とは、全ての人間に同じだけのタレント（聖書に出てくる当時の貨幣単位。英語では能力のこと）を与えることではないといいます。大切なのは、自分に与えられたタレントの多寡を比べて優越感にひたったり劣等感にさいなまれたりすることではなく、持てる「タレント」を自らの力で何倍にも増やすことなのです。

せっかくの「タレント」も、努力を怠ると伸び悩みます。人間の本当の価値は、熱意や情熱を持ってタレントを増やす努力をするところにあるのです。

WORDS
OF
KAZUKO
WATANABE

39

変えられるものは変える勇気を持とう

ご自分の生活の中で、変えられないものを心静かに受け止めてください。変えられるものは勇気を持ってお変えください。

▼『現代の忘れもの』

逆境に陥った時には、「人にはどうしようもない逆境」なのか、「人のつくった逆境」なのかを見極めることが大切だというのが「日本の資本主義の父」と呼ばれる渋沢栄一の考え方です。

「人にはどうしようもない逆境」はどんなにあがいたところで変えることはできません。今の自分にできることは何かを考えて最善を尽くしてこそ、運命を切り開いていくことができるのです。

渡辺和子も、この世の中には変えられるものと変えられないものがあると気付くことが大切だと考えていました。例えば、雨は人間の力で止めることはできませんが、「せめて心は晴れるように」といつもより明るい色の洋服を選ぶことはできます。それをせず「雨は嫌だ」と不機嫌でいたら、1日は無為に過ぎていくのです。

「どうしてリモートばかりで対面の授業が受けられないんだろう」「どうしてこの大学は広島ではなく岡山にあるんだろう」などと「変えられない現実」を思い悩んでも、心が疲れ果てるだけです。変えられないものについては心静かに受け止め、変えられるものは勇気を持って変えていくことで、人生はとても前向きなものになるのです。

WORDS OF KAZUKO WATANABE 40

自力で成し遂げてこそ成長につながる

自力で何かを成し遂げた喜びというのは、甘えさせてもらった時に味わう喜びとは異質なものです。

▼『幸せはあなたの心が決める』

仕事で失敗をした時など、ついこんな愚痴を言ったことはないでしょうか。

「失敗したのは、自分にこんな厄介《やっかい》な仕事を押しつけた上司のせいだ」

「先輩がもうちょっとフォローしてくれれば、失敗しなかったのに」

悪いのは上司や先輩で、「厄介な仕事」をさせる以上、成功するようにフォローするのが役割ではないか、とでも言いたいのでしょうか。

人間にはお互いに協力し合うという力が備わっていますが、かといっていつも誰かが助けてくれると思い込み、他人の好意をあてにして生きるのは間違っていると渡辺和子は言います。

さらに、勝手に手助けや好意をあてにしておきながら、それが受けられないと、相手を恨《うら》むのはもっと間違っているとも話しています。

大切なのは、まずは自力で自分にできる限りの準備をして、懸命に取り組むことです。当然、うまくいかないこともありますが、失敗の数だけ人は成長することができるし、そこで得られる達成感は何ものにも代えがたい財産となるのです。成長していくためには、「自力で何かを成し遂げた喜び」を知ることが何より大切なのです。

WORDS OF KAZUKO WATANABE 41

「壁」があるからこそ人は成長できる

〝壁〟はかくて必ずしも乗り越えていかなければならないものばかりではなく、必要な存在でもあるのです。

▼『面倒だから、しよう』

人が成長していくために「壁」はなくてはならないものだと渡辺和子は考えていました。理由は、私たちの一生は決して平坦な道ばかりではなく、行く手を塞ぐ壁にぶつかりながら生きていかなければならないからです。

渡辺は戦後、聖心女子学院高等専門学校の国語科を卒業した後、英語科に再入学しています。母親の「これからは英語だ」という考えからですが、戦争中、英語とは無縁の生活を送ってきた渡辺の苦労は並大抵のものではありませんでした。当時の聖心にはアメリカ人の学生や帰国子女も多く、授業も会議も打ち合わせもほとんどが英語で行われていました。

英語力が十分ではない渡辺にとって、ついていくのは大変でしたが、その屈辱感が英語を本格的にマスターする力になりました。渡辺によると、こうした壁にぶつかることで、人は自分の未熟さを知り、生き方や主義主張を見直すきっかけともなるのです。

壁というと、どうしても「乗り越える」だけのイメージがありますが、人の成長にとってなくてはならないものでもあるのです。英語の壁を越えた渡辺は「苦労はするものだとつくづく思いますね」と振り返っています。

WORDS OF KAZUKO WATANABE 42

責任を負ってこそ本当の「自由」である

自由は、また苦しみでもあります。
なぜなら、自由な時間の使い方に対しては、
それを使う人が全責任を
負わなければならないからです。

▼『あなただけの人生をどう生きるか』

自由な時間があること、それは「気楽さ」の一方で、「大変さ」もあります。仕事や勉強、アルバイトなどに追われているる時は、「自由な時間が欲しいなあ」と思いますが、いざ目の前に「自由な時間」が与えられると、何をどうしていいか戸惑う人も少なくありません。

渡辺和子が学長時代、新入生に伝えていたことの1つが「自由な時間の使い方」についてでした。受験勉強に明け暮れた生活から解放され、大学に入学すると、自由にできることの多さに圧倒されるのか、無為な時間を過ごす学生も少なくありません。

高校までの勉強が強制だとすると、大学での勉強は個々人の判断や選択に任されるものが多くなります。親元を離れて1人暮らしをする学生であれば、何時に寝て何時に起きるか、授業に出るか出ないかも自分で自由に決めることができますが、選んだ行為にはすべての「責任」がついて回ることを忘れてはならない、というのが渡辺が伝えたいことでした。

自由とは、勝手気ままなことをすることではなく、正しく考え、正しく選ぶ自由であり、その結果に対して全責任を負わなければならないのが本当の「自由」であるというのが渡辺のメッセージです。

WORDS OF KAZUKO WATANABE

43

人は「欲しいもの」を願い、神は「必要なもの」をくださる

（神様への祈りが）〝届く〟ということは、必ずしも、願ったことが〝叶えられる〟ということではありません。

▼『どんな時でも人は笑顔になれる』

御朱印集めがブームとなって以来、若い人の中にも神社仏閣を熱心に巡る人が増えています。神様への願い事の仕方もいろいろあるようで、「どうすれば神様が願い事を叶えてくれるのか」などを書いた本やブログも頻繁に見かけますが、渡辺和子は「祈り続けたら、その祈りは必ず神様に届くのでしょうか」という卒業生からの手紙にこう答えています。

「祈り続けたならば、必ずその祈りは神様に届くと思います。でも〝届く〟ということは、必ずしも、願ったことが〝叶えられる〟ということではありません」

願いが必ず叶うとすると、渡辺が誰かの不幸を願って叶うこともあれば、その逆もあるということになり、そんなふうに人間の「意のままになる神は、〝神〟であり得るのだろうか」と渡辺は問いかけます。かといって、祈りが届かないわけではありません。結果、渡辺は「私は欲しいものを願うけれど、神は必要なものをくださる」と考えるようになりました。

祈ったからといって、神がすぐに願いを叶えてくれるわけではありません。しかし、「神は悪いようにはなさらない」という心構えで祈ることが大切だと渡辺は言うのです。

WORDS OF KAZUKO WATANABE 44

「自分1人ぐらい」の周りにたくさんの人がいる

「自分1人ぐらい」と思ってはいけません。

▼『あなただけの人生をどう生きるか』

新型コロナウイルスの感染拡大による緊急事態宣言下で、ほとんどの人が不要不急の外出などを自粛しているにもかかわらず、あえてマスクをしないとか、遅くまで外で飲み歩くという人たちがいました。あるいは、ほとんどのお店が早めに営業を終える中、営業を続けるお店もありました。

「同調圧力」に対する抵抗なのかもしれませんが、そこに「自分だけならいいだろう」といった「自分1人ぐらい」という甘えがあるとしたら問題です。渡辺和子によると、「自分1人ぐらい」と思っている自分の周りには、実はたくさんの人が関わっていて、たった1人がでたらめな生活を送ることによって、その人の一生に出会うすべての人が不愉快になり、迷惑を被《こうむ》り、そして不幸になることもあるのです。

そこに強い信念があり、どんなにたくさんの反対者がいようと、「自分1人だけでも」と前に進もうとするのと、「自分1人ぐらいはいいだろう」という甘えには大きな違いがあります。人は1人では生きられません。人間が協力し、力を合わせることで生きていく以上、「自分1人ぐらいは」という甘えは周りを不幸にするのです。

WORDS OF KAZUKO WATANABE 45

人は「環境の奴隷」ではない

人間は決して100%環境の産物ではないのです。

▼『目には見えないけれど大切なもの』

心理学には、今の困難さの原因を過去の出来事や遺伝などに求める「原因論」と、人の生き方は過去の出来事や遺伝によって縛《しば》られるのではなく、自らが選択した目的に向かって自ら切り開いていくものだという「目的論」の2つの考え方がありますが、渡辺和子は環境などの影響も認めつつ、「人間には環境を乗り越える力がある」と言っています。

ノートルダム清心女子大の学長に就任したばかりのころ、渡辺はある年配の男性教授から「父親があんな殺され方をしているから、あなたには冷たいところがある」と言われ、辞表を叩きつけられています。最初のトラブルでした。渡辺は自分を温かい人間とは思っていませんでしたが、それを父親の死のせいにされたことがとても悔しかったといいます。

貧しさから道を踏み外す人もいれば、貧しさをバネに大きな飛躍を遂げる人がいるように、似たような環境に育ったからといって誰もが同じ道を歩むわけではありません。人間には「環境を乗り越える力」があり、たとえ境遇は選べなくとも、生き方を選び取る力があります。人には環境の奴隷ではなく、環境の主人となる力があるというのが渡辺の考え方です。

WORDS
OF
KAZUKO
WATANABE
46

試練の時は、耐える力が自分にあると信じよう

神様はその人の力に余る試練は決してお与えにならない。

▼『強く、しなやかに』

あるサッカー選手が、海外チームに移籍したものの活躍の場を与えられず、苦しい時期を過ごすことになった時、支えとなったのは「神様は、乗り越えられない課題は与えない」という言葉でした。逆境にあってもその選手は腐らず練習に励み、やがて日本時代の輝きを取り戻したのです。

渡辺和子はノートルダム清心女子大の学長に就任したものの、当初は「よそ者」で、「若い」ということもあり、周りの人が動いてくれず自信をなくして、ささいなことでも思い煩《わずら》うようになりましたが、そんな渡辺が支えとしたのが「神様はその人の力に余る試練は決してお与えにならない」という聖書の言葉でした。聖書にはこうも書いてあります。

「神様は、試練と同時に、それに耐えられるように、力も与えてくださる」

さらに母親の「苦労するということは、悪いことじゃない」という教えも生きました。試練に耐える力は、渡辺自身が変わることで得られました。渡辺が変わったことで、周囲も変わり、物事が前に進むようになったのです。厳しい状況に置かれた時、この言葉を口にするだけで、人は「自らを変え、もうちょっと頑張ってみよう」と思えるのです。

WORDS OF KAZUKO WATANABE 47

人は何度でも変わることができる

今日その方とお会いする時に、もしかしたらその方は、昨日、一昨日、昨年のその人と、まったく違う生き方をしようとなさっているかもしれないという可能性を信じるのです。

▼『「ひと」として大切なこと』

学校を卒業して久しぶりに同級生に出会った時、「あのころとちっとも変わらないなあ」と感じる人もいれば、「随分と変わったなあ」と驚かされる人もいます。しかし、変わり方や、変わった背景はともかく、人はみな、「新しくなりたいという気持ち」を持っているというのが、渡辺和子の考え方です。

昭和1桁生まれの渡辺は、軍国主義教育の影響を最も強く受けた世代ですが、だからこそ「新しい人になりたい」という思いも強いものがありました。雙葉《ふたば》高等女学校時代は、トップになろうとがむしゃらに勉強する、同級生からは「和子さんは、鬼みたい」と言われるような生徒でしたが、さまざまな人との出会いや経験を通して「謙虚で心の温かい人に生まれ変わりたい」と願い、それを実行してきました。

自分自身が「変わること」ができるのだから、「今日会うその人も、昨日のその人とは違う生き方をしようとしている」かもしれません。「昨日」と「他人」を変えることはできませんが、「明日」と「自分」はいくらでも変えていくことができます。人は何度でも変わることができると信じるだけで、自分だけでなく、他人に対する見方も大きく変わるのです。

WORDS OF
KAZUKO WATANABE

第五章

出会いを育てて「いい出会い」にする

WORDS OF KAZUKO WATANABE

48

「聞きたくない意見」こそ大切にしよう

どなたからであっても叱られた時には、まず必ずありがとうございます、と言うように。

▼『あなたはそのままで愛されている』

「ほめること」と「叱ること」は人を育てるための両輪である、と言いますが、「叱る」ことは決して簡単ではありません。理由は、ほめられて嫌な気分になる人はほとんどいませんが、叱られるのは嫌な人がほとんどだからです。

渡辺和子も若いころは、好きな人の意見は素直に聞く一方で、嫌いな人の意見には耳を貸さないどころか、相手が嫌いという理由だけで、正論に対しても反発することがありました。しかし、ある時、意見に対しては、「誰が言ったか」を離れて、その中身を客観的に受け止めたうえで、「誰が言おうと、正しい意見には従いなさい」と言われて以来、自分が「聞きたくない意見」を言ってくれる人を大切にするようになったといいます。

渡辺は学生に対して、叱られた時に素直になるコツとして「どなたからであっても叱られた時には、まず必ずありがとうございます、と言うように」と話しています。人に求められるのは、自分の考えのみが正しいとは限らないという謙虚さと、他人には他人の考えがあるという、相手の人格への尊敬なのです。その気持ちがあることで、叱られた人は少し素直になることができますし、叱った人も少し素直になることができるのです。

WORDS OF KAZUKO WATANABE 49

「自分の価値」を安易に下げない

他人のレベルまで下がってはいけないとしみじみ思う。

▼『愛をこめて生きる』

「目には目を、歯には歯を」という言葉があります。この言葉は、相手が無礼な態度をとったり、失礼な言葉を投げつけてきた時には、自分も同じように無礼な態度をとり、失礼な言葉を投げつければいいとも取れますが、渡辺和子ははっきり「ノー」と言っています。

「相手が無礼を働いたからといって、当方が無礼を返す時、こちらの人格は相手以下のものになっていることに気づかねばならない」

ある時、極めて失礼な態度に出た人に対して自らの態度を崩さなかった人に、「どうして怒鳴り返してやらなかったのですか」と渡辺が尋ねたところ、こんな答えが返ってきたといいます。

「私は、相手の低さにまで身を落とすことはできませんでした」

自分が挨拶をしたにもかかわらず、相手が挨拶をしてくれなかった時、たいていの人は傷つき、「次からは挨拶なんかするものか」と思いがちですが、それでは自分の価値を落とすことになります。相手が挨拶を返さなくても、自分は挨拶をします。他人は他人、自分は自分。自分が心に定めた生き方を貫くことが何より大切なのです。

WORDS OF KAZUKO WATANABE 50

よい人間関係づくりには「合わせる力」が不可欠

人とのつき合いというのは、ただ単に相性がいいだけでできることではなく、〝合わせる能力〟、そして努力なしにはできないことらしい。

▼『愛をこめて生きる』

心理学者のアルフレッド・アドラーによると、人生には、すべての人が直面する3つの主要な課題があります。それは、仕事の課題、交友の課題、愛の課題の3つですが、いずれも人と人との結びつきに関するものであり、「あらゆる人生の課題は対人関係に集約される」というのがアドラーの見方です。

アドラーの説を待つまでもなく、対人関係というのはいつもうまくいくとは限りません。仕事のパートナーから裏切られることもあれば、愛し合って結婚した2人も、良好な関係がいつまで続くかは保証されていません。

こうした人間関係の難しさ、厄介《やっかい》さをよく知る渡辺和子は、人とのつき合いというのは、「相性がいい」だけでできるものではなく、お互いの「合わせる能力」と努力なしには成り立たないと言います。

にもかかわらず、最近では「合わせてくれる」大人の中で育ったせいか、「合わせてゆく力」を持たない若者も増えています。そんな人に求められるのは、「相手が悪い」と非難したり、相手にばかり変わることを求めたりするのではなく、相手は自分とは違うことを理解したうえで、自分が変わるための一歩を踏み出すことなのです。

WORDS OF KAZUKO WATANABE

51

人の好意に甘えても、決して甘ったれにならない

「甘え」と「甘ったれ」とは違います。

▼『忘れかけていた大切なこと』

学生時代、レポートの提出期限に間に合わず、先生に泣きついて受け取ってもらったという経験をした人はいないでしょうか。こんな学生に対し、渡辺和子は受け取りを拒否したために、学生から「シスターは一頭の迷える羊を救おうとはなさらないのですか」と抗議された経験をしています。

渡辺はその言葉に一瞬たじろぎますが、これから社会に出ていく以上、「甘えが通用しない厳しさがあることを習ってほしいからの処置です」と答えています。他人の好意を「お言葉に甘えて」と素直に受けるのは悪いことではありません。しかし、いつも相手が優しくしてくれることや、甘えを許してくれることを期待するのはただの「甘ったれ」です。

渡辺は大学卒業後に働いていた職場で仕事が夜遅くまでかかると、上司から「後は男性ですから、あなたは帰りなさい」と言われたことがあります。そのような時には好意を素直に受け取るようにしましたが、同じことを次も言ってくれると思い込むと、それは「甘ったれ」になります。

相手の好意は素直に受けるべきですが、そこに自分への甘えが入ると、ただの「甘ったれ」になるだけに注意が肝要《かんよう》です。

WORDS OF KAZUKO WATANABE 52

好意に見返りを期待してはいけない

思い込みが多いと、
事実がそれにそぐわない時、
苦しみも多くなる。

▼『愛をこめて生きる』

子育てで大変な時、普段は助けてくれる親から「その日は用事があるからダメ」と断られて腹が立ったことはないでしょうか。普段一緒に残業してでも助けている同僚に、「手伝って」と頼んだところ、「ごめん、今日は予定があるの」と断られて落ち込んだことはないでしょうか。

自分で何でもできる人はいませんから、他の人に助けてもらわなければならないことは当然あります。その時に忘れてはならないのは、他の人はあなたの期待を満たすために生きているわけではないということです。助けてくれることは「好意」ではあっても、「義務」ではないことを理解しておくことが大切なのです。

渡辺和子は、母親から「世の中が自分の思い通りに運ぶことなどありえない。うまくいったらありがたいと思いなさい」と、耳にタコができるほど聞かされたといいます。人はしばしば「家族は私に優しくあるべきだ」「私はいいことをしたのだから感謝されてしかるべきだ」と思い込みがちですが、思い込みが強すぎると、期待が裏切られた時にその苦しみが大きくなるのです。感謝や援助を期待せず、「感謝されたらありがたい」「手伝ってくれたらもうけもの」くらいに考えることで、心は自由になるのです。

WORDS OF KAZUKO WATANABE 53

「出会い」は育ててこそ「いい出会い」になる

いい出会いにするためには、自分がある程度、苦労をして出会いを育てていかないといけません。

▼『置かれた場所で咲きなさい』

マーク・ザッカーバーグがフェイスブックを創業した時、目指していたのは「人と人をつなぐ」ことでした。今のようなインターネットの時代、フェイスブックに限らずかつてとは比べ物にならないほどたくさんの人と出会い、簡単につながることができるようになりました。ところが、その一方で「出会いを育てる」という感覚が薄れているのではないかというのが渡辺和子の見方です。

渡辺は一時期、3つの大学で2000人の学生と接していました。出欠確認も兼ねて、講義後にはメモを書いてもらっていましたが、そのメモには驚くほどたくさんの悩みがあり、それを読みながら渡辺は「今の人たちは話す相手がいないのでは」「いい出会いをしていないのでは」と心配になったといいます。

今の時代、たしかに出会いには苦労しなくなりましたが、マッチングアプリのような相性重視の出会いに頼っていると、本当の意味でよい相手に出会うことはできません。「相性に全責任を負わせる」のではなく、よい出会いは自分でつかむものです。自分自身が苦労して、磨き、育てていくことで、初めて「出会い」は「いい出会い」「長い付き合い」になるというのが渡辺の教えです。

WORDS OF KAZUKO WATANABE 54

人間同士も距離をあけてぶつからないように

車を安全に運転するには車間距離が必要なように、人と人の間にも「人間距離《じんかんきょり》」が重要だということです。

▼『強く、しなやかに』

修道院は神に仕える人たちが働いている場所だけに、人と人とのぶつかり合いなどないだろうと思っている人もいるかもしれませんが、渡辺和子は修道院という共同体の中で人間関係の要諦《ようてい》を学んだと話しています。

修道院に入る前の渡辺は、上智大国際学部の事務局で働いていました。当然外国人も働いていれば、女性も男性と肩を並べて仕事に励む、自由闊達《かったつ》な職場だっただけに、当時の渡辺にとって、その環境に馴染むことは簡単ではありませんでした。

そんな修道院での生活を通して身につけたのが「車を安全に運転するには車間距離が必要なように、人と人の間にも『人間距離』が重要だ」という考え方と、仮に相性の悪い人がいても、それは「文化の違いと割り切る」という考え方でした。

ぶつかりやすい相手との間には「車間距離」同様に、ある程度の「人間距離」をとることでぶつかり合いを防ぐようにします。さらに、どうしても相性の悪い人とは、日本人と外国人の文化に違いがあるように「文化の違い」と割り切ります。人間同士、完全な理解や一致はできません。共存のためには、ぶつかり合いを避けるための工夫が必要なのです。

WORDS OF KAZUKO WATANABE 55

「許しの心」が人との関係をよくする

相手を100％信じてはダメ。98％にしておきなさい。

▼『目に見えないけれど大切なもの』

信頼していた相手から裏切られることほど悲しいものはありませんが、はたして他人を完全に信頼していいのかというのが渡辺和子の問いかけです。

京セラの創業者・稲盛和夫は「人の心をベースとした経営」によって同社を世界的企業へと成長させましたが、会社の仕組みに関しては、人間は時に魔が差すことを踏まえたうえで、「人間の持つ弱さから社員を守る」ことが必要だと考え、社員が絶対に間違いをできない仕組みをつくりました。それは社員を疑うのではなく、弱さも含めて人間を信じているからなのです。

渡辺は学生に「相手を100%信じてはダメ。98%にしておきなさい」と言って、学生から「初めから疑ってかかるのですか」と怪訝《けげん》そうな顔をされたことがあります。なぜ98%なのでしょうか。理由は、人間は決して完全には分かりあえないものであり、時に間違いも犯すだけに、「あとの2%は相手を許すために取っておく」からです。

「私はあなたを信頼しているけれども、あなたは神様ではないから間違ってもいいのよ」という許しの心こそが、人と人との関係ではとても大切なのです。

WORDS OF KAZUKO WATANABE 56

他人を批判する時には思いやりと優しさを持つ

他人を批判することは、さほどむずかしくありませんが、自分に対してなされる批判を素直に受け取るということは、必ずしもやさしいことではありません。

▼『幸せはあなたの心が決める』

ある中小企業の経営者が、経営コンサルタントから「あなたの会社のいいところを挙げてください」と言われたところ2つか3つしか挙げられなかったのに対し、「では、悪いところは」と質問されると、またたく間に10以上も挙がったという話を聞いたことがあります。人はそれほどに「よいところ」よりも「悪いところ」に気付きやすいものです。そのせいか、「他人を批判する」ことは簡単でも、「他人をほめる」のは難しいものです。

では、「他人を批判する」のが得意な人が「他人から批判される」ことも平気かというと、そうではありません。件《くだん》の経営者も、自分で会社の悪いところをいくつも挙げておきながら、コンサルタントから改善点を指摘されると「他人から言われたくない」と憮然《ぶぜん》としていたそうです。

他人を批判するのが平気な人も、自分が批判されるのは嫌なものです。それを知る渡辺和子は、他人を批判する時「相手への思いやりや、優しさがあってほしい」と考えていました。たいていの人は、辛《つら》いことの多い人生を生きていくために人からの励ましと優しさを必要としています。だからこそ、わざと意地悪く他人を批判することは避けるべきなのです。

WORDS OF KAZUKO WATANABE 57

「一歩譲る」ことの大切さを覚えよう

どちらでも良い時は、一歩退いて譲るようにしましょう。体を退いて譲る時、心も一歩退いて譲る気持ち、「詫びる心」を育てているのです。

▼『忘れかけていた大切なこと』

何年か前にある人が「江戸しぐさ」の1つ「傘かしげ」について触れていました。狭い道や歩道などで、すれ違う相手に傘のしずくがかからないように、相手の反対側に自分の傘を少し傾けることを指し、こうすることで傘同士がぶつからずにスムーズに行きかうことができ、見知らぬ人同士でもそこに相手を思いやる空気が生まれるというものです。真偽はともかく、こうした行為が注目される背景には、今の時代、時間に追われ忙《せわ》しなく動く人が増えたことで、「譲る人」が少なくなったことも影響しているのかもしれません。

　学長時代、廊下の曲がり角で学生とぶつかりそうになった時、渡辺和子がごく自然に身を引いて、ニコニコしながら「おはようございます」と言ったことを、大学生活の思い出として話す学生がいました。その学生は進学校の出身で、高校までは「人をかき分けて前に出る」ことを教えられたのに対し、渡辺のような「一歩譲る人」に出会って驚き、以後、「一歩退く」ことを心がけるようになったというのです。

　どちらでも良い時は、一歩譲ります。そんな当たり前のことが「譲る心」「詫びる心」を育て、ギスギスした世の中を少し生きやすいものに変えていくのです。

WORDS OF KAZUKO WATANABE 58

名前に関心を寄せて人との距離を縮めよう

「名前で呼ぶ」その小さな心遣いが、人を目覚めさせ、生きる喜びを引き出す。

▼『どんな時でも人は笑顔になれる』

人から呼ばれる時に、「ちょっと、そこの君」と言われるのと、「○○さん、ちょっと」と名前で呼ばれるのでは、どちらが嬉しいでしょうか。

東京ディズニーランドで働いていた人から聞いた話ですが、その人が高校生になり、大好きなディズニーランドのアルバイトに応募したところ、面接で自分のことをフルネームで呼んでくれ、「やっぱりディズニーランドは凄《すご》い」と大感激したそうです。

相手の名前に関心を寄せることは、人と人との距離をぐっと縮めます。渡辺和子は学長時代、前から歩いてくる学生に「おはようございます、○○さん」と名前を呼んで声をかけるようにしていました。すると、それまで無表情だった学生の顔が明るくなり、嬉しそうな顔で挨拶を返してくれたといいます。

名前で呼ぶことは、他の誰でもないその人を「○○さん」と認めることであり、「あなたは、あなたにしか送れない人生をしっかりお生きなさい」というエールを送ることなのです。今の時代、学生だけでなく、多くの人が求めているのは、「コミュニケーション」であり、「優しさ」であり、「いたわり」なのです。

WORDS OF KAZUKO WATANABE

59

言葉は使い方次第で人を傷つけも癒しもする

言葉は人を傷つける道具ともなるけれど、その反面、その心づかいによっては多くの人に慰めと安らぎを与える媒体でもあるのです。

▼『あなたはそのままで愛されている』

ある経営者が管理職に、部下からの提案に対しては、「ノーから入るのではなく、イエスから入るように」と話していました。部下が提案を持ってきた時、「よい提案を持ってきてくれてありがとう」という「イエス」から入り、そこから意見やアドバイスを行えば、それだけで部下にやる気が湧いてくるからです。あるいは、話の最後に「相手を否定する言葉」を言うか、「肯定する言葉」を言うかでも、相手の受け止め方はがらりと変わります。

渡辺和子は、言葉の並べ方にはその人なりの意味があるとしても、言葉一つにも心づかいはできるし、それが必要だと考えていました。SNS上では、しばしば荒い言葉、乱暴な言葉が飛びかいますが、大切なのは「言葉は人を傷つける道具ともなるけれど、その反面、その心づかいによっては多くの人に慰めと安らぎを与える」と自覚することなのです。

汚い言葉は相手の心を傷つけます。反対に、何気ない一言の慰めが相手を立ち直らせるきっかけになることもあります。相手にいやな思いをさせまい、相手に幸せな思いをさせてあげたいという心づかいこそが言葉を選ばせ、言うべきか否かを教えてくれるのです。

WORDS OF KAZUKO WATANABE 60

人を非難する前に自分の心に問いかけよう

他人を批判する前に、まず自分の心を見つめ、
非難する資格を持っているかどうかを
尋ねてみないといけません。
それから非難しても遅くはないのです。

▼『忘れかけていた大切なこと』

「ブーメラン」というスラングがあります。政治の世界などで、ある人が他の人たちを厳しく批判したところ、実は批判した人も過去に同じようなことをしていて、ブーメランのように批判が返ってくる現象を指しています。

人間というのは相手の長所よりも欠点に目が向きやすく、自分が批判されることは嫌いでも、他人を批判するのは大好きという厄介《やっかい》な性質があります。渡辺和子によると、他人を非難する前には、まず自分の心や過去の行動を見つめ、「今の自分に相手を非難する資格があるのか」と尋ねてみることが大切です。

家庭や職場などでも、私たちはつい「悪いのは私じゃない。あなたが悪いのだ」と一方的に相手を責め立てることがあります。しかし、現実にはどちらかが一方的に悪いということは滅多にありません。お互いが自分のことを脇に置いて非難し合う時、家庭でも職場でも社会でも、平穏や平和は壊されてしまいます。

渡辺によると、相手に非がある時、きちんと詫びさせることも大切なのですが、自分の落ち度やミスを棚に上げて、他人を責めることはあってはならないのです。まず自らの心に問い、それから非難しても遅くはないのです。

WORDS OF KAZUKO WATANABE 61

自立への闘いを優しく見守る人になろう

人が自分の意志で
何かを成し遂げようとしている時に
手を差し伸べたり、干渉したりするのは
余計なお世話です。

▼『強く、しなやかに』

心理学者のアルフレッド・アドラーは、子育てに関して「話す必要がないと、子どもが話し始めるのはかなり遅くなる」と言っています。子どもは自分の欲求が満たされない時、親の注目を引こうと泣いたり声を出したりしますが、もし親が先回りして何でも世話を焼いてしまったら、子どもは意志を伝える必要がないため、視聴覚の障害はなくとも、話し始めるのが遅くなるというのです。

大人も同様で、何かをやろうとする時、毎回誰かが先回りして準備万端整えてくれたとしたら、何もせず、ただ待つだけの人間になってしまいます。渡辺和子は

岡山にあるノートルダム聖心女子大の教授に赴任する前の4年余り、アメリカの大学院で学んでいます。授業はすべて英語、難解な学術用語に泣かされましたが、悪戦苦闘しながらも2年半で必要な単位を取得しています。渡辺が日本人だからといって手心を加えることのない厳しい環境でしたが、そこで得た「人が自分の意志で何かを成し遂げようとしている時に手を差し伸べたり、干渉したりするのは余計なお世話」という教訓は、後の人生に大いに役に立ったといいます。人は試行錯誤を経て育ちます。上司や親の役目は、その努力を見守ることなのです。

WORDS OF KAZUKO WATANABE

62

共感することが相手への優しさになる

「の」というのは、「疲れた」「暑い」という相手の気持ちをまずそのまんま受け止めてあげるのです。

▼『現代の忘れもの』

夫が会社から帰ってきて「ああ、疲れた」と言った時、妻が「私だって子どものことで疲れているわよ！」と答えたとすると、夫は何も言わないかもしれませんが、内心では「そりゃそうかもしれないけれど、少しくらいは労《ねぎら》いの言葉をかけてくれてもいいのになあ」と不満を覚えます。

反対に、夫の「ああ、疲れた」に対して、妻が「疲れたの？　お疲れさま」と答えたとすれば、夫の気持ちはスーッと和らぐことになります。同様に夫が「ああ、暑かった」と言って帰ってきた時、「夏だから暑いのは当たり前でしょ」ではなく、「外は暑かったの？」と妻が聞くだけで、やはり心は安らぐのです。

相手の「疲れた」「暑い」といった言葉に「の」をつけて返すことで、まず相手の気持ちを受け止めるのが渡辺和子の言う「『の』の字の哲学」です。忙しいと、人はどうしても「自分中心」になりがちです。そんな時は、相手の言葉に「の」をつけて、相手の気持ちを受け止め、相手の気持ちに寄り添うのです。それだけで、お互いの人間関係を穏やかなものにしてくれます。人間は共感する前に自己主張しがちですが、相手と共感することは、相手への優しさなのです。

WORDS OF KAZUKO WATANABE 63

安易に他人を「分かった」気にならない

同じような悩み事でも、
悩んでいる当人は一人ひとり異なっています。

▼『見えないけれど大切なもの』

ものづくりなどの世界で言われることの1つに「安易に『分かった』と言うな」があります。生産現場などで問題が起きた時、最初にやるのは現場に行き、「なぜ問題が起きたのか」を調べることですが、その際、経験や知識が豊富すぎて、ちょっと調べただけで、「分かった」と言う人がいます。しかし、過去の似たような経験から、「あの時がこうだから、今回もこれだな」と考えるのは、当たっていることもありますが、時にまるで違う原因であるにもかかわらずそれを見落とすことにもなるだけに注意が必要です。

悩んでいる誰かの相談に乗る時も同じです。例えば失恋をしたとか、介護で大変だとか、自分も経験したことがある内容だと、経験のない人よりも理解の度合いは深まりますが、一方でなまじ経験があるばかりに、相手の独自の経験を無視して、自分の経験による答えを押しつけようとすることがあります。

同じような悩みでも、悩んでいる当人は一人ひとり違うというのが渡辺和子の考えです。似たような悩みでも、いつも新しい気持ちで話を聞き、その人に合わせた対処を考えてこそ、相手を「救う」のではなく「癒す」ことができるのです。

WORDS OF
KAZUKO WATANABE

第六章

最高の励ましは「信頼」から生まれる

WORDS OF KAZUKO WATANABE 64

子どもは親や教師の背中を見て育つ

子どもは、
親や教師のいう通りにはなりませんが、
親や教師のする通りになります。

▼『置かれた場所で咲きなさい』

ノートルダム清心女子大の学長に就任した渡辺和子は1964年、家政学部（現・人間生活学部）に児童学科を新設、幼稚園や小学校の教諭、社会福祉事業のスタッフやカウンセラーの育成などに乗り出すとともに、実習園となる附属幼稚園を開園、初代園長も兼務するほど幼児教育の充実に熱心に取り組んでいます。

幼稚園では、棋士の藤井聡太二冠が学んだことでも知られる、子ども自身の自己教育力を大切にする「モンテッソーリ教育」を実践しているほどですから、渡辺がいかに子どもたちの自主性を育《はぐく》むことに熱心だったかがよく分かります。渡

辺の子育てに対する信念ははっきりしています。親や教師が「よい手本」となることです。理由は「子どもは、親や教師の言う通りにはなりませんが、親や教師のする通りになる」からです。

ビジネスの世界には「部下は上司を3日で見抜く」という言葉があります。部下は上司の日頃の言動をよく見ており、本当に信頼に足る上司かどうかはすぐに見抜きます。人を教え導く立場の人間に求められるのは、立派な言葉以上に「よい行い」であり、「よい手本」となることです。よい姿を見せれば、子どもは自然によい行いをするようになるのです。

WORDS OF KAZUKO WATANABE 65

最高の励ましは、相手への「信頼」である

励ましというのは、「私はあなたを信じている」という信頼から生まれるものなのです。

▼『目に見えないけれど大切なもの』

失敗してしまった人や、ひどく落ち込んでいる人を励ますというと、「もっとできるはずだから頑張れ」と叱咤《しった》激励《げきれい》したり、無責任に「大丈夫だから気にするな」といった声かけをしたりするケースがほとんどですが、本当に大切なのはそこにその人に対する温かいまなざしと、可能性に対する信頼があるかどうかだ、というのが渡辺和子の考え方です。

　現在は大リーグで活躍するダルビッシュ有投手は、北海道日本ハムファイターズに入団した年にある問題を起こして無期限謹慎の厳しい処分を受けました。周りからは厳しい目が向けられましたが、監督のトレイ・ヒルマンからの「君を信じて待っているからね」という言葉に心を揺さぶられ、それ以来プロとしての自覚を持って練習に励むようになり、球界を代表する投手へと成長していったのです。

　中学時代の渡辺は、学校の規則に反発する問題児でした。補導されたこともある「要注意人物」でしたが、ある教師の「和子さんは磨けば光る石だ」という言葉によって立ち直ることができたといいます。「注意」には反発しても、「信頼」には応《こた》えたくなるものです。心を打つ励ましというのは、言葉以上に、相手への信頼から生まれるものなのです。

WORDS OF KAZUKO WATANABE 66

相手のよいところは遠慮なくほめよう

人から良く言われると、その良く言われたことに忠実であろうとするものです。

▼『「ひと」として大切なこと』

人は叱られることで考えや行動が改まることももちろんありますが、それ以上に効果的なのが「人から良く言われること」です。

　渡辺和子は大学の管理職という難しい立場の時にも、人前では明るく振る舞い、笑顔でいることの大切さを説いていましたが、元々は笑顔の少ない子どもだったといいます。しかし、20代になり上智大のオフィスでアメリカ人と一緒に働くようになったある日、男性職員から「渡辺さんは笑顔が素敵だよ」と言われたことがきっかけで、「同僚の評価に相応《ふさわ》しい人になろう」と決めて以来、人生を笑顔で生きるようになったのです。

　笑顔に限らず、「シスターの靴はいつもきれいに磨いてありますね」と人からほめられると、磨かざるをえなくなるように、人は「あなたはとっても真面目な方ですね」とほめられると、少し手を抜こうとしていたのに、「やはり真面目にやろうか」と思い返すところがあるのです。

　人の何気ない言葉にも人は反応し、その言葉を支えに生きていけることもあります。相手のいいところは遠慮なくほめることです。それだけで人は変わることができるのです。

WORDS
OF
KAZUKO
WATANABE

67

真理、善を保有しているなら堂々と権威を行使しよう

権威をかさにきてはいけない。
振り回してはなおいけない。
しかし、正当な権威を使わないことも
正しいことではない。

▼『スミレのように踏まれて香る』

渡辺和子は長く大学の学長を務めただけに、上に立つ人間の辛《つら》さ、厳しさ、難しさを嫌というほど経験しています。アメリカ留学を終えて岡山に赴任したものの、修道院では一番年下で、かつ東京育ちの「よそ者」で、なかなか輪の中に入ることができませんでした。それから1年、2代目学長の急逝により、渡辺は36歳で初めての日本人学長に就任します。

まだ若くて、管理職としての経験のない渡辺にとって、学長の重責は大変なものでしたが、そんな経験を通して「権威をかさにきてはいけない。振り回してはなおいけない。しかし、正当な権威を使わないことも正しいことではない」ことを学びました。

「自分は学長なのだから、周りは言うことを聞くのが当然だ」という姿勢では誰もついてきません。かといって、周りに遠慮しすぎて、やるべきことをやらないのも正しいこととは言えません。なぜなら「真理は力である。善も力である。そして真理、善を保有している時、その人は多数を頼む人々の票数よりも一票多く持っている」からです。

周りの声を気にして、責任を問われたくないからと正当な権威を行使しないのもリーダーとして恥ずべき行為なのです。

WORDS OF KAZUKO WATANABE 68

感情に任せて「怒る」のではなく冷静に「叱る」

ひと呼吸おいて、生きないといけない。

▼『ふがいない自分と生きる』

昔の職場でよく見かけたのが「瞬間湯《ゆ》沸《わ》かし器」と呼ばれる上司です。部下から失敗の報告を聞いた時など、一旦「スイッチが入る」と一瞬で怒りの炎が燃え上がり、部下はひたすら耐えるほかありませんでした。こうした人に対してよく言われるのが「叱る前に30秒数えましょう」です。叱るには然るべきタイミングがあり、「すぐに」ではなく「少しだけ待つ」のも大切なことなのです。

ノートルダム清心女子大に赴任したばかりのころ、授業中に後ろの方で話をしている学生がいると、渡辺和子は「わたくしの授業はやっぱりダメなんだなあ」と思い、カッとして「外に出なさい」と声を荒げたことがありました。体は震え、しばらく声が出なかったといいますが、そんな経験を通して2つのことを学んだといいます。

1つは「ひと呼吸おく」こと、もう1つは「怒るのではなく叱る」ことでした。

人間はカッとなると、腹立ちまぎれに怒りを相手にぶつけてしまうことがありますが、そんな時、ひと呼吸おくだけで怒りが鎮まって冷静に叱ることができるようになるのです。「我以外みな師なり」がモットーの渡辺が、学生から教わったことの1つです。

WORDS OF KAZUKO WATANABE 69

成功したらみんなのお陰、失敗したら自分の責任

委《ゆだ》ねた結果がよかった時は、
その人の功績とするけれども、
結果が悪かったときは
自分が悪者となることを恐れない。

▼『置かれた場所で咲きなさい』

渡辺和子は36歳の若さでノートルダム清心女子大の学長に就任しています。岡山という土地でも、大学でも、ほとんど「よそ者」という状態でのトップ就任でしたから、どれほど大変だったかは想像に難くありません。

さらに渡辺は、中学、高校、大学と卒業生総代として答辞を読むほど成績も優秀で、「生まれつき勝ち気」な性格だっただけに、学長就任時はさまざまな苦労を味わっています。中でも苦労したのが「人に委ねる」ことでした。

どんな優秀な人でも、すべてを自分1人でやることはできません。しかし、優秀すぎる人は、人に仕事を委ねた後、つい急《せ》かしたり、「なぜできないのか」が理解できないところがあります。そこに周りとの衝突が生まれるわけですが、そんな苦労を経て渡辺は「委ねる」ことについて、①相手を信頼して委ねる　②丸投げはせず、決して委ねっぱなしにはしない――という2点に加え、③委ねた結果がよかった時は、その人の功績とするけれど、結果が悪かった時は自分が悪者となることを恐れない――ことの大切さを学んでいます。「うまくいった時は、みんなのお陰。失敗した時は自分の責任」が渡辺の学長職における心構えでした。

WORDS OF KAZUKO WATANABE 70

私利私欲を離れてこそ正しい決断ができる

決断にあたって求められるのは、私利私欲を離れ、他人の意見に耳を傾ける謙虚さと、実行にあたっては、変更も辞さない柔軟性と同時に、やり抜く信念といっていい。

▼『面倒だから、しよう』

30歳を目前に控え、修道女会に入会した渡辺和子は、しばらくしてアメリカの修練院に派遣され、大学院で教育学の学位も取るように命じられています。その時の必修科目の1つ「管理と運営」で、担当教授が「管理職を一言で表現するように」と求めた時に他の学生が答えた「絶えず、決断を迫られる立場」という言葉が印象に残ったと渡辺は回想しています。

渡辺によると、個人的なものは「決心」ですが、例えば管理職のように他の人々に影響を与えるものは「決断」だといいます。36歳で大学の学長となった渡辺はそれから幾度も「決断と実行」を迫られることになりました。その際、心がけていたのが「私利私欲を離れ、他人の意見に耳を傾ける謙虚さ」を持つことと、実行にあたっての「変更も辞さない柔軟性と同時に、やり抜く信念」でした。

リーダーの決断は重いものです。京セラの創業者・稲盛和夫は重大な決断にあたっては、「動機は善なりや、私心はなかりしか」を何度も自分の心に問いかけたうえで決断していました。

渡辺もそうであったように、人は「私利私欲を離れ」た決断をしてこそ、その実行に全身全霊で打ち込むことができるのです。

WORDS OF KAZUKO WATANABE 71

「人間」を育ててこそ「真の教師」になれる

教師になることはそれほど難しくないけれど、
来る日も来る日も
真の教師であり続けることは
必ずしもやさしいことではありません。

▼『現代の忘れもの』

「『親になること』はやさしいが、『親であること』は難しい」という言葉があります。いつの時代も、親になるというのは覚悟のいることですが、1人の子どもを育てる苦労はそれ以上です。アップルの創業者スティーブ・ジョブズが会社経営の難しさを子育てに例えていましたが、それほどに子どもを育てること、親であるということはとても難しいのです。

「親になる」よりも「親である」ことが難しいように、渡辺和子は教師という職業についても、「教師になる」ことに比べて「教師である」ことの方が遥かに難しいと話しています。今の時代、知識を教えることに関しては、必ずしも教師である必要はありません。インターネット上には学校の教師以上に巧みに知識を伝える動画がたくさんありますし、AIの方が遥かにたくさんの知識を正確に教えてくれるはずです。

しかし、教師には教師にしかできないことがあります。それは動画やAIにはできない、自信や勇気、愛情などを子どもたちに伝えることです。よき教師に出会うことは人生を変えるほどの経験ともなります。知識だけでなく「人間を育てる」ことができてこそ「真の教師」と言えるというのが渡辺の信念です。

WORDS OF KAZUKO WATANABE 72

自ら学び成長してこそ育児も教育も可能になる

人は誰も、自分が持っていないものを、他人に与えることはできない。

▼『目に見えないけれど大切なもの』

欧米社会には「持てる者の義務」という道徳があります。お金や権力を持つことは幸せなことかもしれませんが、同時にこれらを持つ人には相応の義務があり、世の中のため、人々のためになることにも使わなければならないという考え方です。

人が持っているのはお金や権力だけとは限りません。教師は生徒に知識を与え、生きる力を与えます。親も子どもにたくさんのものを与えるわけですが、教師や親は生徒や子どもを教え育てるうえで必要なものを「持っているか」を自らに問わなければならないというのが渡辺和子の考え方です。

弟子は師匠に敬意を払いなさいという意味の「三尺下がって師の影を踏まず」という言葉がありますが、渡辺によると、プロである教師は知識や人格においても子どもたちの「三尺先」を進んでいなければならないし、親は「育児」と同時に、自らを成長させる「育自」を行わなければ、教育も育児もできないのです。

人は、自分が持っていないものを他人に与えることはできません。人を教え育てるためには、常に自分を磨き、成長させることが求められます。それができて初めて人は人を育てたり、導いたりできるのです。

WORDS OF KAZUKO WATANABE

第七章

「苦労」は人生の誇るべき経歴になる

WORDS OF KAZUKO WATANABE 73

過去を振り返らず、「今」を精一杯生きる

今日が私にとっては一番若い日。
今日を輝いて生きていきたい。

▼『強く、しなやかに』

アップルの創業者スティーブ・ジョブズの若い頃からの口癖は、鏡に向かって「今日が最後の日なら、今日やろうとしていることをやりたいか」と問いかけることでした。人生で大切なことができる機会はそれほど多くないと考えるジョブズにとって、今日という日はとても大切な日であり、一日一日最善を尽くしたいという思いがそこにあったのです。

年齢を重ねると、たいていの人は「何と年を取ってしまったのか」とくよくよし、若き日のあれこれを思い出し、「今のふがいない自分」を嘆くことになりますが、渡辺和子は、同じ生きるのなら「今日も年を取った」と考えるのではなく、「今日は私にとっては一番若い日」と思いながら前向きに生きる方がいいと考えていました。

いくら年齢を嘆《なげ》いたところで、今より若くなることはありません。だとすれば、今若き日の自分を今と比べて嘆くより、今日という「一番若い日」を精一杯生きた方がいいのです。「今日という日を自分にとって、一番若い日として、ありがたく生きようと思います」は、年齢を重ね、幾度もの病を乗り越えた渡辺の「希望」に満ちた言葉です。

WORDS OF KAZUKO WATANABE

74

「ふがいない自分」を受け入れる勇気を持とう

勇気とは決然として何かに
立ち向かっていくことだけでなく、
受け入れがたいものを受け入れることである。

▼『強く、しなやかに』

心理学者のアルフレッド・アドラーは、人生の課題に立ち向かっていくためには、①不完全である勇気　②失敗をする勇気　③誤っていることを認める勇気―という3つの勇気が必要になるといいます。この3つの勇気があれば、よき働き手となり、よき友人となり、よきパートナーとなることができるというのです。

人にはそれぞれ自分の人生に必要となる勇気がありますが、渡辺和子が必要だと言う勇気は、「ふがいない自分を受け入れる勇気」です。

渡辺は68歳の時に、膠原病《こうげん》で筋力が衰える苦しさを味わい、薬の副作用などのため身長も14センチも縮んでしまいました。「わが身が不自由になる」のは辛《つら》いことでしたが、ある時、学生からの「背が低くなってもシスターはシスター。低いからこそ、見えてくるものもあると思います」という言葉によって、「ふがいない自分」を受け入れることや、老いてゆく悲しさを認めることも「勇気」の1つだと気付き、励まされたといいます。

勇気というと、何かに立ち向かう勇ましさを思い浮かべますが、どんな自分もあるがままに受け入れ、自分と仲良く生きていくことも、勇気があればこそできることなのです。

WORDS OF KAZUKO WATANABE 75

人生に「無駄なこと」は何一つない

人生には思いがけない失敗や病気などでぽっかり穴が開く時があります。自分にとって何のために開いた穴なのか。発想を変えてそれを考えるようにしたらどうでしょう。

▼『強く、しなやかに』

人生がいつも順風満帆で、何の苦労もなしに生きていくことができれば、それは幸せなことかもしれませんが、思いがけず病気になったり、失敗をすることで、それまで気付かなかったことや見えなかったことが見えてくることもあります。

渡辺和子は36歳で大学の学長になるなど若いころから遮二無二《しゃにむに》仕事に打ち込んできましたが、50歳でうつ病になり、68歳で膠原病《こうげんびょう》を患《わずら》うなど後半生では多くの病を経験しました。中でもうつ病は50歳という働き盛りの年齢だっただけに、「神様はなぜこんな病気をお与えになったのか」と神様を恨《うら》んだといいます。

渡辺は、これまでの人生に「穴が開いた」ような気持ちになりましたが、そこで「なぜ穴が開いたかではなく、何のために開いたんだろう」と発想を変えたところ、その穴からこれまでとは違うものが見えたのです。それは、その時まで気付かなかった自分の傲慢《ごうまん》さや他人の優しさでした。それ以後、渡辺は他人の弱さが分かるようになり、以前より優しくなれたのです。大切なのは開いた穴を嘆いたり恨むことでも、穴を塞《ふさ》ぐことでもなく、それまで見えなかったものを穴から見ることです。突然にできた穴を含め、人生に無駄なことは何一つないのです。

WORDS OF KAZUKO WATANABE 76

ダメな自分を反省したら、もう一度歩き始めよう

人間のこと、つまずくのはあたりまえ、ただ、その時くじけてしまわないことがたいせつなのです。

▼『面倒だから、しよう』

「大切なのはＫＯされるかどうかじゃない。立ち上がれるかどうかだ」はボクシングでよく使われる言葉ですが、同じことは人生でも言えるようです。

渡辺和子は50年以上の間、管理職としての重責を担ってきただけに、その間にはさまざまな挫折を経験しています。与えられた任務が思うようにいかないこともあれば、信じていた人に裏切られたり、あらぬ中傷を受けたり、自己嫌悪に陥ったこともあるといいますが、そんな経験を通してこう考えるようになりました。

「その時くじけてしまわないことが大切です。自分の愚かさに心を奪われ、我と我が身に愛想を尽かし、やけになったり、落ちこんでしまわないことが大事です」

渡辺にもどうしても好きになれない人がいました。こちらからほほえみをと思いながらもどうしてもできずに落ち込むことがありましたが、そんな時もダメな自分を反省したら再び挑戦を始めました。

渡辺はごく身近な、例えば「ダイエットをする」のような目標についても同じ姿勢で臨むことが必要だと話しています。

人間にとって「倒れる」ことは恥ずかしいことではありません。大切なのはそのたびに起き上がり、決意を新たに再び歩き始めることなのです。

WORDS OF KAZUKO WATANABE 77

まず誰よりも自分のことを好きになろう

まず仲良くならないといけない相手は、「他人」ではなく、「自分」である。

▼『忘れかけていた大切なこと』

生きていると、時に「自分」の情けなさや愚かさに愛想が尽きそうになることがあります。「自分にはこんなこともできないんだ」と落ち込み、悪態をつくこともあります。そんな時、渡辺和子は、決して自分を嫌わず、見捨てることなく、愛想を尽かすことなく、「これが私だ。私が見捨てたらほかの誰がお前を拾ってくれるか分からないから、私はお前を見捨てないよ」と自分への優しさと強さを持つことが大切だといいます。

人間は1人で生まれ1人で死ぬものですが、かといって人間は淋しいだけでは生きていくことはできません。だからこそ仲のいい友人、仲間をつくろうとするわけですが、ここで渡辺は、人がまず仲良くならなければならないのは「他人」ではなく「自分」であるというのです。変に自分を美化することなく、ありのままの自分を「かけがえのないもの」として大切に思うことで、人は「自分らしく」生きていくことができるからです。

まずは自分で自分を好きになりましょう。誰だって好きな人と一緒にいるのは楽しいものです。だからこそ、自分を好きになれば、自分には「帰る場所がある」という安心感も生まれます。仲間はそんなあなたの周りに集まってくるのです。

WORDS OF KAZUKO WATANABE

78

「苦労」は人生の誇るべき経歴になる

人生という履歴書には、
苦しみの歴史を書く
「苦歴」という欄があるのです。

▼『現代の忘れもの』

就職などをする時、応募先に提出する履歴書には、必ず学歴や職歴などを記入します。そのほかに免許・資格、応募動機なども記入しますが、渡辺和子は人生を1枚の履歴書に例えるなら、そこには自分との闘いや辛《つら》いことなど、また、それらをどのように受け止め、成長したかを書く「苦歴」という欄があるといいます。そして一生の終わりに、私たち一人ひとりの履歴書を受け取る方は、学歴や職歴よりも先に「苦歴」に目を通すというのです。

なぜ「苦歴」が先なのでしょうか。

たくさんの人間がいれば、学歴や職歴は似たような人もいるかもしれませんが、苦労は人それぞれであり、一人ひとりがそれぞれの苦労の中で懸命に生き、乗り越えてきたものだからです。そして苦労を乗り越えることで、その人が苦労の中からたくさんのことを学び、少しずつ成長してきたからです。そんな苦歴を見て、履歴書を受け取る方は「辛い人生をよく頑張ったね」と労《ねぎら》ってくれるのです。

人生に無駄なことは1つもありません。逃げたくなるほどの苦しみでさえ、それを乗り越えた時には、1つの業績として「苦歴」を飾るものとなるのです。

WORDS
OF
KAZUKO
WATANABE

79

どんな時にも自分を嫌うことなく仲よくしよう

（落ち込んでも）「いつか良くなる」ことを信じて、自分と仲良く過ごしている時、心を蔽《おお》っていた雲が晴れて、明るい日射しが以前より輝いて見えてくるのです。

▼『目に見えないけれど大切なもの』

日々生活をしていると、もちろん嬉しいこともありますが、時にはひどく落ち込むことや、泣きたくなることも起こります。それは渡辺和子も同様ですが、しばしば「シスターは、神様を信じているから落ち込むことなんかないでしょう」とか、「落ち込んだとしても、お祈りしたらすぐに立ち直れるでしょう」と言われたといいます。

しかし、現実にはシスターも僧侶も落ち込むし、お祈りは決して万能薬ではありません。渡辺は後半生にさまざまな病気を患《わずら》っていますが、中でも50歳の時に罹《かか》ったうつ病はとても辛《つら》かったといいます。大学での講義中に言葉が出なくなったり、人と話している最中に眠りそうになったりしたこともありましたが、何より出会う人にほほえむことができなくなったといいます。治るまでに約2年かかりましたが、その時に感じたのが、落ち込んだ心を立ち直らせる「特効薬」はないということでした。

代わりに必要なのは「人の優しさ」「祈り」そして「惨《みじ》めな思いをしている自分を嫌うことなく、いじめることなく、『いつか良くなる』ことを信じて、自分と仲良くする」ことでした。すると、少しずつ明るい日射しが見えてきたのです。

WORDS OF KAZUKO WATANABE

80

年齢は自分が時間をかけてつくった財産である

私たちは、「ただ老いる」だけの日々を送りたくないものです。自分しかつくることのできない「財産」としての毎日を過ごしたいと願っています。

▼『目に見えないけれど大切なもの』

誰も避けることができないのが「年を取る」ことです。渡辺和子は若い時から夢中になって働いてきただけに、そのころは「年を取って時間ができたら、本を読もう、翻訳もしたい」と考えていましたが、現実には年を取ることは思ったほど楽なことではなく、今までできていたことができなくなり、「してあげていた自分」が、「してもらう自分」になることを意味していました。

しかし渡辺は、そんな自分を責めるのではなく、「今までありがとう」と感謝し、「ふがいない自分を、あるがままに受け入れ、機嫌よく感謝を忘れずに生きる」ことが大切だという考えに至りました。こう言える自分であるために、渡辺が心がけてきたのが、「ただ働くだけ」の日々ではなく、生活の随所に意味を込め、意味を見出し、「自分しかつくることのできない財産としての毎日を過ごしたい」と願い、実行することでした。

小さな仕事にも意味を込め、「財産」となる時間を過ごすこと、そんな日々を積み重ねることで「年齢」は「私がつくった財産」となるのです。ただ働くだけでは、ただ老いるだけになってしまいます。何気ない1日にも愛を込め、しっかりと生きていくことが大切なのです。

「渡辺和子」参考文献

『強く、しなやかに　回想・渡辺和子』渡辺和子著、山陽新聞社編、文春文庫
『スミレのように踏まれて香る』渡辺和子著、朝日文庫
『あなただけの人生をどう生きるか』渡辺和子著、ちくまプリマー新書
『現代の忘れもの』渡辺和子著、日本看護協会出版会
『“ふがいない自分”と生きる　渡辺和子　NHK「こころの時代」』
NHKEテレ「こころの時代～宗教・人生～」制作班編、金の星社
『面倒だから、しよう』渡辺和子著、幻冬舎文庫
『置かれた場所で咲きなさい』渡辺和子著、幻冬舎
『忘れかけていた大切なこと』渡辺和子著、PHP文庫
『愛をこめて生きる』渡辺和子著、PHP文庫
『幸せはあなたの心が決める』渡辺和子著、PHP文庫
『「ひと」として大切なこと』渡辺和子著、PHP文庫
『あなたはそのままで愛されている』渡辺和子著、PHP研究所
『どんな時でも人は笑顔になれる』渡辺和子著、PHP研究所
『目に見えないけれど大切なもの』渡辺和子著、PHP研究所

桑原 晃弥
くわばら てるや

1956年、広島県生まれ。経済・経営ジャーナリスト。慶應義塾大学卒。業界紙記者などを経てフリージャーナリストとして独立。トヨタ式の普及で有名な若松義人氏の会社の顧問として、トヨタ式の実践現場や、大野耐一氏直系のトヨタマンを幅広く取材、トヨタ式の書籍やテキストなどの制作を主導した。一方でスティーブ・ジョブズやジェフ・ベゾスなどのIT企業の創業者や、本田宗一郎、松下幸之助など成功した起業家の研究をライフワークとし、人材育成から成功法まで鋭い発信を続けている。著書に『人間関係の悩みを消すアドラーの言葉』『自分を活かし成果を出すドラッカーの言葉』(ともにリベラル社)、『スティーブ・ジョブズ名語録』(PHP研究所)、『トヨタ式「すぐやる人」になれるすごい仕事術』(笠倉出版社)、『ウォーレン・バフェット巨富を生み出す7つの法則』(朝日新聞出版)、『トヨタ式5W1H思考』(KADOKAWA)、『1分間アドラー』(SBクリエイティブ)、『amazonの哲学』(大和文庫)などがある。

イラスト　ハセガワシオリ
デザイン　宮下ヨシヲ（サイフォン グラフィカ）
校正　土井明弘
編集　安田卓馬（リベラル社）
編集人　伊藤光恵（リベラル社）
営業　竹本健志（リベラル社）
制作・営業コーディネーター　仲野進（リベラル社）

編集部　近藤碧・山田吉之・鈴木ひろみ・尾本卓弥
営業部　津村卓・澤順二・津田滋春・廣田修・青木ちはる・春日井ゆき恵・持丸孝・榊原和雄

「自分らしい花」を咲かせる　**渡辺和子の言葉**

2021年 9月28日　初版発行
2024年10月11日　5版発行

著　者　桑原　晃弥
発行者　隅田　直樹
発行所　株式会社 リベラル社
〒460-0008　名古屋市中区栄3-7-9　新鏡栄ビル8F
TEL 052-261-9101　FAX 052-261-9134
http://liberalsya.com
発　売　株式会社 星雲社（共同出版社・流通責任出版社）
〒112-0005　東京都文京区水道1-3-30
TEL 03-3868-3275
印刷・製本所　株式会社 シナノパブリッシングプレス

 ISBN978-4-434-29388-7　C0095
　216003

桑原晃弥の好評既刊

自分らしい生き方を貫く

樹木希林の言葉

明るい人柄と独特の人生観で多くの人々を惹きつけた名女優・樹木希林。彼女の言葉から「他にはない」と称された役者を形づくっていた「人と比べない」精神や日々を明るく、自分らしく生きていく秘訣を紹介！

桑原晃弥の好評既刊

人を大切にし組織を伸ばす 稲盛和夫の言葉

京セラ創業者・盛和塾塾長として知られる稲盛和夫の言葉から、利他の心と経営の精神を多数紹介！

イノベーションを起こす ジェフ・ベゾスの言葉

人々の生活に革新をもたらし続ける Amazon 創業者ジェフ・ベゾスの言葉から、スピード感溢れる新時代を勝ち抜く知恵を多数紹介！

逆境を乗り越える 渋沢栄一の言葉

500 以上の企業をつくり、育てただけでなく、600 もの慈善事業にも取り組んだ渋沢栄一の言葉から、ビジネスの精神を一冊に凝縮！

リーダーとして結果を出す 野村克也の言葉

野球の名監督として知られる野村克也の言葉から、ビジネスにも活きる指導者の心構えを一冊に凝縮！

自分を活かし成果を出す ドラッカーの言葉

「マネジメント」を発明した経営コンサルタント ドラッカーの言葉から、ビジネスシーンで活躍するヒントを学ぼう！

人間関係の悩みを消す アドラーの言葉

「勇気」の心理学者アドラーの言葉から悩みをなくすヒントを学んで、自分の運命を変えよう！
